사료를 보니 백제가 보인다 (국외편)

·
·
·

정 재 윤

사료를 보니 백제가 보인다(국외편)

저　　　자 : 정재윤
저 작 권 자 : (재) 백제문화개발연구원
발　　　행 : 도서출판 주류성
발　행　인 : 최병식
인　쇄　일 : 2007년 7월 20일
발　행　일 : 2007년 7월 27일
등　록　일 : 1992년 3월 19일 제 21-325호
주　　　소 : 서울특별시 서초구 서초동 1308-25 강남오피스텔 1212호

T E L : 02-3481-1024(대표전화)
F A X : 02-3482-0656
HOMEPAGE : www.juluesung.co.kr
E - M A I L : juluesung@yahoo.co.kr

Copyright ⓒ 2007 by (재)백제문화개발연구원.
저작권자와의 협의하에 인지는 생략합니다.

값 9,000원

잘못된 책은 교환해 드립니다.
ISBN 978-89-87096-84-1

본 역사문고는 국사편찬위원회를 통한 국고보조금으로 진행되는
3개년 계획 출판사업입니다.

▲ 무령왕이 태어난 곳으로 전해지는 일본 축자(筑紫)의 각라도(各羅島)에 있는 무령왕 탄생지 표지판

▲ 석무대(石舞台)고분. 천황을 능가하는 권력을 가졌던 소아마자(蘇我馬子)의 무덤으로 추정되는 고분. 소아씨는 백제계로 보는 견해도 있어 주목된다.

▲ 대지산릉(大枝山陵). 환무천왕의 어머니로 전해지고 있는 백제계 신립(新笠)의 묘이다. 『속일본기』에 신립의 선조는 무령왕의 아들인 순타(純陁)태자로 기록되었다.

▲ 법륭사(法隆寺)에 있는 백제관음상. 대보장전에 안치되어 있으며, 높이 2.8m의 목조입상이다.

▲ 일본 국보 1호로 지정된 광륭사(廣隆寺)에 있는 미륵반가사유상. 영보전 내에 소장되어 있으며, 우리나라 금동미륵보살반가사유상(국보83호)과 유사한 형태이다.

▲ 오사카에 있는 왕인신사. 왕인은 백제에서 파견되어 일본에 천자문 등 문자를 전수해준 인물이다.

▲ 오사카에 있는 협산지(狹山池) 박물관 내 저수지 모형. 이 저수지 관개사업에 백제의 첨단 토목기술인 흙과 나뭇잎 층을 번갈아 쌓는 부엽공법이 사용되었다.

▲ 비조호(飛鳥戶)신사. 오사카 태자정 능선에 있는 곤지를 모시는 비조호신사. 곤지는 동성왕과 무령왕의 아버지로, 왜에 파견되어 왜 천왕과 밀접한 관계를 유지하였다.

▲ 백제왕신사. 오사카부에 있는 백제왕신사로 성무천왕 때 백제왕으로 봉해진 경복을 모신 신사이다.

▲ 비조사(飛鳥寺). 588년 실권자인 소아마자가 나라현에 세운 일본 최초의 사찰. 『일본서기』에는 법흥사(法興寺)로 나온다.

▲ 풍납토성에서 출토된 중국제 초두. 3개의 다리가 달렸으며, 용이 조각된 긴 손잡이가 달린 형태이다.

▲ 부여 구드레 공원에 조영된 미마지(味摩之) 기념비. 미마지는 612년 일본에 건너가 기악을 전수한 인물이다.

▲ 원주 법천리에서 출토된 양모양청자. 중국과의 교역을 통해 수입한 제품이다.

▲ 공주 수촌리에서 출토된 흑유계수호. 주둥이 부분이 넓고 닭머리 모양의 주구와 손잡이를 붙인 형태이다. 364년에 제작된 항주 노화산(老和山) 출토품과 유사하다.

▲ 익산 입점리에서 출토된 청자사이호. 당시 백제 중앙정부는 중국과의 교역을 통해 수입한 청자를 입점리 지역의 수장에게 하사한 것으로 보인다.

▼ 부여박물관 야외전시실에 진열되어 있는 유인원 기공비 모습. 이 비를 통해 백제 멸망 이후의 여러 가지 상황을 알 수 있다. 하지만 심하게 훼손되어 비문의 내용을 육안으로 식별하기 어렵다.

▲ 부여 읍내에 있는 정림사지 5층 석탑의 탑신부 모습. 이 탑에는 백제를 멸망시킨 소정방이 남긴 '대당평백제국비명'이라는 글자가 새겨져 있다.

▲ 백제 멸망의 한이 서려있는 조룡대 모습. 소정방이 백마의 머리를 이용하여 용을 낚았다는 전설이 전해지며, 이 후 강의 이름이 백마강이 되었다고 한다.

▲ 백제 의자왕이 묻혀 있는 북망산 원경. 중국으로 끌려간 의자왕은 북망산에 묻힌 것으로 기록되었지만, 현재 무덤의 정확한 위치는 찾을 수 없다.

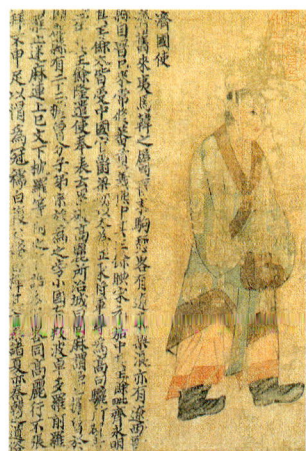

◀ 양직공도. 백제 사신의 모습이 그려져 있으며, 현재 중국역사박물관에 소장되어 있다. '백제국사'라는 제명이 붙은 그림과 내용은 백제사 연구에 중요한 자료가 되고 있다.

▲ 산동성에 위치한 성산두(成山頭) 전경. 소정방이 백제를 공격하기 위해 출정한 곳으로 추정된다.

▲ 하남성 박물관에 전시되어 있는 부여륭 묘지석. 1920년 중국 하남성 낙양의 북망산에서 출토되었다.

사료를 보니 백제가 보인다 (국외편)

머리말

 본서를 집필하게 된 것은 일본과 중국에 있는 백제 사료에 대한 접근과 이해에 도움을 주고자 하는 소박한 바람에서 비롯되었다. 하지만 중국과 일본은 지리적 거리 이상으로 문화적 괴리가 상당하다는 것을 새삼스럽게 느꼈다. 동일한 백제에 관한 기록이지만 일본인이나 중국인이 느꼈던 역사적 정서를 다시 우리 식으로 바꾸어 전달하는 어려움뿐만 아니라 이 작업에도 나의 감성이 개입된다는 사실을 부정할 수 없었다.
 무엇보다도 출발점인 용어에서부터 난관에 부딪쳤다. 대중서를 자처하는 편집 의도를 벗어나 원문 그대로 표현하는 것은 너무 전문적인 영역이 되지 않을까 하는 우려도 깊어졌다. 또한 개별 내용의 번역에 그치지 않고 참고할만한 자료와 연구 성과 등을 정리하고 싶은 생각도 떨칠 수 없었다. 결국 많은 것을 욕심내는 것보다는 일반 독자들이 개략적인 내용을 알 수 있도록 하고, 필요하다면 관련 서적이나 보다 전문적인 책을 볼 수 있는 안내서로서의 기능만 한다면 본서의 역할은 충분하다고 입장을 정리하였다.

먼저 이 책에 소개된 중국정사 백제전은 우리나라 기록인 『삼국사기』와 국가 발전 단계 및 통치체제 등의 정비 시기에서 많은 차이가 난다. 이는 단순한 번역의 문제가 아닌 역사 인식과 사료 비판이라는 매우 어려운 작업이다. 아직 한 분야의 전문가로 내세우기에는 부족한 필자가 해제라는 중책을 감당하기에는 참 힘든 작업이었다. 다만 필자가 이해하는 선에서 여러 쟁점들과 내용의 이해에 도움이 되는 것을 정리하였으며, 부족한 부분은 추후 개별적인 지면이나 서적을 통해 보완할 것을 약속드린다.

다음으로 『일본서기』 백제 관련 기사는 기초 사료가 부족한 백제사 연구에 매우 귀중한 자료이다. 그 내용이 심각하게 왜곡되었기 때문에 우리나라 연구자는 애써 외면하였으나 1971년 무령왕릉 지석의 출현으로 세상에 큰 빛을 보게 되었다. 무령왕 탄생설화가 매우 기괴하여 주목하지 않았으나 생몰연대와 이름 등에서 『일본서기』의 정확성이 입증되어 재평가할 수 있는 기회가 생긴 것이다.

『일본서기』에 기록된 백제 관련 내용은 양적으로 매우 풍부하다. 더욱이 직접 백제를 언급하지는 않았지만 부수적으로 정보를 주는 사료까지 합하면 엄청난 양의 자료가 된다. 이 때문에 흠명기(欽明紀) 등의 내용을 읽다 보면 마치 백제본기를 보는 듯한 착각에 빠질 정도이다. 그러나 이 모든 내용은 일본 측의 시각으로 정리되어 자료로 직접 이용할 수 없다. 그 단적인 예가 익히 알고 있는 임나일본부설이다. 하지만 우리는 왜곡된 시각을 거두어 낼 수만 있다면 매우 소중한 자료들을 되살릴 수 있다. 지방과 중앙의 통치체제뿐만 아니라 가야 진출, 백제의 부흥운동 등 수없이 많은 사실에 생명력을 부여할 수 있는 것이다.

 이러한 면에서 『일본서기』는 이제 더 이상 일본의 옛 기록이 아닐 수 있다. 『일본서기』의 편찬 과정이 백제사를 기준으로 백제 사서를 모델로 하였기 때문에 그 꺼풀을 벗긴다면 원 자료인 백제계 사서들과 자료를 복원할 수 있는 것이다. 이제까지 우리는 이러한 편린들만 가지고 국내 기록의 보충 자료로 이용하였으나 이제는 구조적인 틀에서 접근하여 왜 이 사료가 여기에 배치되었는가 하는 보다 근본적인 문제를 해결해야 할 것이다.

 본서에 욕심을 낸 것도 이 때문이다. 이와 같이 중요한 『일본서기』와 중국정사 백제전에 관심을 가진 독자들이 많아져서 본격적인 연구 기반이 조성될 수 있으면 하는 생각은 지나친 바람이 아닐 것이다. 이 책을 통하여 관심을 갖고 이 분야의 연구를 시작하는 사람, 혹은 이에 관심을 가져 분위기를 조성해주는 사람, 이 모든 이들이 같이 하는 분위기가 무르익는다면 이제 『일본서기』와 중국정사 백제전은 우리의 기록으로 한 발 더 다가설 수 있을 것이다.

 역사 공부를 시작한 이래 저자의 가장 큰 자산은 상상력의 풍부함이다. 여러 역사적 편린들을 맞추는 것보다 이 편린들을 가지고 상상해보면 이면에 있는 사료가 살아 움직이는 듯한 착각에 빠져들기도 하였다. 이러한 생각은 역사학도로서 너무 위험한 발상이었다. 많은 사람들이 차라리 소설이나 쓰라고 했을 때 아이디어가 좋다고 격려해주던 서강대의 은사님들은 오늘날의 내가 있게 하였다고 해도 과언이 아니다.

항상 부족한 필자에게 인내심을 가지고 대하며, 학문의 길로 접어들 수 있게 해준 분은 이종욱 선생님이었다. 이 자리를 빌어 감사의 말씀을 드린다. 또한 학문적 자세를 일깨워주신 고 이기백·이광린 선생님, 홍승기 선생님을 비롯한 서강의 선생님과 선배·동료·후배들은 세미나 수업을 통하여 철저한 사료 비판과 검증을 할 수 있는 식견을 길러주었다. 그리고 필자가 재직하고 있는 공주대 사학과의 유경준·이해준·이남석·양종국·송충기 선생님들과의 학문적인 대화도 많은 도움이 되었다.

끝으로 책의 출간을 위해 인내심을 갖고 기다려주신 백제문화개발연구원의 조부영 원장님과 신병순 사무국장님, 주류성 최병식 사장님께 감사의 말씀을 전한다. 또한 원고 교열을 해 준 김기섭 선생님과 아내 장선주, 역사에 무척이나 관심이 많지만 함께 하지 못한 시간이 많은 승환·승욱이, 지금도 자식 걱정하는 어머님과 가족들에게 고마움을 전한다.

2007년 7월

鄭載潤 識

차 례

11 ✤ 머리말

23 ✤ 『일본서기』 길라잡이

23 ✤ 1. 『일본서기』는 어떤 책인가
27 ✤ 2. 『일본서기』 백제 관련 기사를 어떻게 이해해야 하나

31 ✤ 『일본서기』 백제관련 기사 길라잡이

31 ✤ 1. 신공황후(神功皇后)
33 ✤ 2. 응신천황(應神天皇)
35 ✤ 3. 인덕천황(仁德天皇)
36 ✤ 4. 웅략천황(雄略天皇)
38 ✤ 5. 현종천황(顯宗天皇)
38 ✤ 6. 무열천황(武烈天皇)
39 ✤ 7. 계체천황(繼體天皇)

41	✧	8. 안한천황(安閑天皇)
42	✧	9. 선화천황(宣化天皇)
42	✧	10. 흠명천황(欽明天皇)
44	✧	11. 민달천황(敏達天皇)
46	✧	12. 숭준천황(崇竣天皇)
46	✧	13. 추고천황(推古天皇)
48	✧	14. 서명천황(舒明天皇)
49	✧	15. 황극천황(皇極天皇)
50	✧	16. 효덕천황(孝德天皇)
51	✧	17. 제명천황(齊明天皇)
53	✧	18. 천지천황(天智天皇)
54	✧	19. 본서의 편집 원칙
57	✧	『일본서기』 백제 관련 기사
57	✧	1. 신공황후(神功皇后)
65	✧	2. 응신천황(應神天皇)

차 례

69	✣	3. 인덕천황(仁德天皇)
70	✣	4. 웅략천황(雄略天皇)
80	✣	5. 현종천황(顯宗天皇)
81	✣	6. 무열천황(武烈天皇)
82	✣	7. 계체천황(繼體天皇)
91	✣	8. 안한천황(安閑天皇)
92	✣	9. 선화천황(宣化天皇)
92	✣	10. 흠명천황(欽明天皇)
124	✣	11. 민달천황(敏達天皇)
129	✣	12. 숭준천황(崇埈天皇)
133	✣	13. 추고천황(推古天皇)
140	✣	14. 서명천황(舒明天皇)
143	✣	15. 황극천황(皇極天皇)
147	✣	16. 효덕천황(孝德天皇)
152	✣	17. 제명천황(齊明天皇)
160	✣	18. 천지천황(天智天皇)

167 ✣ 중국정사(中國正史) 백제전(百濟傳)에 대한 이해

167 ✣ 1. 중국정사에 백제관련 기사가 왜 기록되었을까
171 ✣ 2. 중국정사 백제전을 어떻게 이해해야 하나

175 ✣ 중국정사 백제전 길라잡이

175 ✣ 1.『후한서(後漢書)』동이열전(東夷列傳)
176 ✣ 2.『삼국지(三國志)』동이전(東夷傳) 한조(韓條)
180 ✣ 3.『진서(晋書)』동이열전 마한조
182 ✣ 4.『송서(宋書)』이만열전(夷蠻列傳) 백제국조
184 ✣ 5.『남제서(南齊書)』동남이열전(東南夷列傳) 백제국조
186 ✣ 6.『양서(梁書)』동이열전 백제조
187 ✣ 7.『남사(南史)』동이열전 백제조
188 ✣ 8.『위서(魏書)』열전 백제국조
189 ✣ 9.『주서(周書)』이역열전(異域列傳) 백제조
191 ✣ 10.『수서(隋書)』동이열전 백제조

차 례

193 ✧ 11.『북사(北史)』열전 백제조
194 ✧ 12.『구당서(舊唐書)』동이열전 백제조
196 ✧ 13.『신당서(新唐書)』동이열전 백제조

199 ✧ **중국정사 백제관련 기사**

199 ✧ 1.『후한서』동이열전 한조
200 ✧ 2.『삼국지』동이전 마한조
202 ✧ 3.『진서』마한조
202 ✧ 4.『송서』백제국조
204 ✧ 5.『남제서』백제국조
208 ✧ 6.『양서』백제조
210 ✧ 7.『남사』백제조
212 ✧ 8.『위서』백제국조
218 ✧ 9.『주서』백제조
221 ✧ 10.『수서』백제조
226 ✧ 11.『북사』백제조

233 ❖ 12. 『구당서』 백제조
245 ❖ 13. 『신당서』 백제조

255 ❖ 참고문헌

『일본서기』 길라잡이

1. 『일본서기』는 어떤 책인가

『일본서기』는 원정천황(元正天皇) 4년(720)에 완성된 일본 최초의 역사서이다. 이보다 앞서 712년 『고사기(古事記)』가 편찬되었지만, 이는 정사(正史)와는 확연히 차이가 나 강호(江戸; 에도)시대의 학자들이 '유치한 이야기책'이라고 평했을 정도였다. 그렇기 때문에 『일본서기』는 본격적인 사서 편찬의 형식을 취한 현존하는 일본 최고의 역사서라고 할 수 있다.

『일본서기』는 '신대(神代)'라 명명된 신화의 시대부터 7세기 말 지통천황(持統天皇)의 치세까지를 다루고 있으며, 전 30권으로 구성되었다. 30권이 모두 갖추어진 것은 내각문고본(內閣文庫本)이 유일하며, 일부만 남아있는 판본도 있다.

편찬 대상의 시대가 긴만큼 다양한 문헌들을 참고한 흔적이 보인다. 일본 자체 문헌으로는 『일서(一書)』라 하여 책 이름을 밝히지 않은 기록이나 『이길련박덕서(伊吉連博德書)』와 같은 개인의 기록, 『고사기』에서 언급된 '제기(帝紀)'와 '본사(本辭)', 그리고 '제왕본기(帝王本紀)' 등의 책이 보인다. 이름을 밝힌 중국 역사서로는 『위지(魏志)』와 『진기거주(晋起居注)』 등이 있다. 아울러 『예문유취(藝文類聚)』와 『금광명최승왕경(金光明最勝王經)』 등을 참조하여 문장을 만들기도 하였다. 또한 한반도 관련 기사로는 고구려 승려 도현(道顯)이 쓴 『일본세기(日本世記)』 등의 기록도 보이지만 무엇보다도 '백제삼서(百濟三書)'라 불리는 백제계 문헌이 주로 인용되고 있어 주목된다.

이 편찬 사업을 총괄한 사람은 사인친왕(舍人親王)이다. 기청인(紀清人) 등이 실제 실무를 하였을 것으로 보이나 그 밖에 함께 참여한 사람과 어떻게 편찬 작업을 하였는지에 대한 구체적인 과정은 알 수 없다.

다만 중국식 역사서인 정사의 편찬 작업은 이미 충분히 예견된 상황이었다. 이는 중국에서의 통일제국의 출현이 한반도에 커다란 영향을 미쳐, 신라의 삼국통일과 발해의 건국으로 이어진 상황과 밀접한 관련이 있다고 생각된다. 왜(倭) 또한 이 무렵 나라의 이름을 '일본'으로 바꾸고 율령국가의 수립에 박차를 가한다. 추고천황(推古天皇) 때 『천황기(天皇記)』 등이 만들어졌으나 소실되었고, 천무천황(天武天皇) 때에도 사서의 편찬을 계획하였으나 완성하지 못했다. 따라서 『고사기』가 완성된 시점부터 정사인 『일본서기』의 편찬 작업이 본격적으로 시작되었다고 보는 것도 이 때문이다.

이러한 역사서의 편찬에 국가적 관심을 갖는 것은 사서(史書)가 단순히 과거의 기록을 정리한다는 의미에 그친 것이 아니기 때문이다. 바로 주변 지역 통일국가의 등장과 발전에 상응하여 일본열도의 진정한 통일 국가 수립을 지향한다는 의미를 함축하고 있다. 『일본서기』의 편찬 당시 일본은 강력한 중앙집권국가와 천황제의 확립이라는 정치적 과제가 있었기 때문에 사서의 편찬 또한 당연히 이에 부응한 행위이다. 따라서 과거 기록에 대한 정리나 미래의 지향점은 바로 일본 중심의 천하관에 바탕을 둔 이념을 표출할 수밖에 없는 것이다.

이러한 목적으로 책이 만들어졌기 때문에 『일본서기』의 내용에는 많은 모순과 의문점을 가지고 있다. 먼저 천황의 계보와 재위 기간을 살펴보면 나이가 100세가 넘는 경우도 흔하고, 심지어는 부왕(父王)이 죽은 지 10년이 지나 그 아들이 태어나는 등 납득할 수 없는 부분이 많다. 특히 한반도 관련 기사의 경우 다른 사료와 비교·검토를 하면 수 세기의 차이가 나는 사건들이 동일한 시기에 기록되거나 일본 자체의 기록과 맞지 않는 점이 많이 발견된다. 이러한 문제를 해결하기 위하여 『일본서기』의 편년은 비교적 정확한 『삼국사기』를 기준으로 삼아 조정한다. 대개 주갑(周甲)단위로 그 기년을 조정하는데, 현재 일반적으로 인정되고 있는 것은 신공황후 등 특정 시기 기사의 편년을 2주갑인 120년 인하하여 보는 견해이다. 이는 『일본서기』 편찬 당시에 그 기년이 명확하지 않은 이전 시대의 전승들을 모은 후, 이를 체계화 된 역사 기록으로 정리하기 위해 편찬자가 임의로 편년하여 배치하는 과정에서 생긴 오류일 것으로 판단된다. 아울러 어떤 사건에 대한 기사를 구성하기에 적합한 중국 문헌의 문장을 그대로 인용한 후 다소의 자구를 수정하여 해당 사건에 끼워 맞추는 식의 구성마저도 곳곳에서 발견되고 있다.

이와 같이 『일본서기』가 많은 문제점을 안고 있는 것은 천황 중심의 율령제 국가 완성과 일본식 천하관을 지향하려는 목적이 강하였다는 점을 역설적으로 나타내준다. 따라서 과거 일본열도 혹은 일본과 관련된 사건은 모두 일본 중심의 시각으로 바뀌게 된 것이다. 이 바탕 위에서 일본 중심의 천하관을 대외적으로 과시하며, 앞으로 일본 중심의 천하를 구현하겠다는 의지를 표출한 것이다.

이러한 사서의 편찬은 과거 백제에서 이미 차용한 방법을 본뜬 듯한 인상을 지울 수 없다. 이를 말해주는 것은 먼저 '서기'라는 이름의 공통성이다. 물론 처음에는 『일본기(日本紀)』라는 기록도 보이지만 『일본서기』라는 이름과 혼용되기도 하였다. 그렇다면 이는 오히려 '서기'를 모방한 흔적을 없애기 위한 의도적인 행위일 수도 있다.

둘째 백제에서 『서기(書記)』를 편찬한 목적과 시대적 상황이 유사하다. 근초고왕 때 백제는 주변의 마한 소국들을 병합하고 고구려와 견줄 정도로 성장하였다. 따라서 이를 과시하기 위하여 대대적인 국가적 통합 작업이 이루어지고, 역사서의 편찬은 그 일환이었다. 이 작업의 책임자는 고흥(高興)으로, 그는 중국계 인물로 추정된다. 이는 바로 고흥이 유교적 통치질서를 규범으로 한 중국식 사서를 편찬할 수 있는 능력을 소유한 인물이었기 때문이었을 것이다. 따라서 백제는 근초고왕 때 과거의 역사를 백제 중심의 역사로 재편하고, 백제 중심의 천하관을 지향하는 역사서를 편찬하였던 것으로 보인다.

 이와 같이 백제에서 편찬한 『서기』의 사례가 모델이 되어 『일본서기』가 나온 것을 우연이라고 말할 수 있을까. 더욱이 이 시기는 백제가 멸망한 이후로 많은 백제 유민들을 등용하여 율령제 국가의 수립에 박차를 가한 때였다. 그렇다면 백제계 유민들이 실제 『일본서기』의 편찬에 대한 당위성을 제공하고 실무를 담당함으로써 그 모델로 삼은 것이 『서기』였다고 한 것은 지나친 억측일까. 가능성이 충분하다고 생각하면, 이 바탕 위에서 『일본서기』에 등장하는 백제관련 기사의 성격을 이해한다면 보다 쉽게 본서를 접할 수 있을 것이다.

2. 『일본서기』 백제 관련 기사를 어떻게 이해해야 하나

 우리가 일본의 역사서인 『일본서기』를 주목하는 가장 큰 이유는 그 기록이 한국 고대사 특히 백제사를 구명하는데 중요한 실마리를 제공해 주기 때문이다. 앞서 언급했듯이 『일본서기』에는 '백제삼서' 라는 사서를 인용한 기록이 보인다. '백제삼서' 란 『백제기(百濟記)』·『백제신찬(百濟新撰)』·『백제본기(百濟本記)』를 지칭하며, 각주에 주로 인용되고 있다. 하지만 자세히 살펴보면 본문에서도 이들을 참고하여 작성한 흔적이 여러 곳에서 보인다. 따라서 때로는 이것이 일본의 역사서인지 백제의 역사서인지 혼동될 정도로, 백제관련 기사는 『일본서기』에서 상당히 큰 비중을 차지하고 있다.

이는 무엇보다도 백제가 일찍부터 왜의 여러 세력과 밀접한 관련을 맺고 있었고, 또 백제가 멸망한 후에는 많은 유민들이 일본 열도로 이주하여 이후 일본의 통일국가 완성에 커다란 도움을 준 사실과 관련이 있다고 생각된다. 또한 『일본서기』를 편찬할 당시 자료가 많이 부족하였고, 그나마 존재한 가전(家傳), 혹은 사원의 연기(緣起)들이 허황된 측면이 많아 비교적 사서로서 자격을 갖춘 백제 기록이 이용될 수밖에 없는 상황이었다는 점도 고려해야 한다.

그렇지만 각별히 주의해야 할 점은 『일본서기』를 편찬한 시점이 이미 백제가 멸망한 이후라는 사실이다. 따라서 이들 유민들은 일본 천황의 신하로서, 일본 천황의 지배를 받는 구조였다. 이러한 상황에서 일본 중심으로 과거 역사를 정리하는 작업을 한다면 과거 백제의 활동들이 있는 그대로 정확하게 기록될 수 있었을까. 편찬 당시의 시점에 백제 왕족의 후예들이 '백제왕씨(百濟王氏)'로 성을 하사받은 천황의 신하라면 당연히 과거 백제의 역사는 천황의 지배를 받는 시각으로 왜곡되었을 가능성이 큰 것이다. 이와 같이 멸망한 한반도 국가 후예들의 복속을 과거의 역사적 사실에 투영함으로써, 현재와 미래의 일본 중심 천하관을 세우는 것은 매력적인 유혹이 아니었을까. 그 왜곡의 주체도 백제계 후예가 자청할 수도 있지만 나아가 편찬자가 더욱 이를 심화시켰을 가능성이 있다. 이러한 측면에서 백제관련 기사를 이해해야 할 것이다.

한반도를 정벌한 신공황후(神工皇后) 기사는 『삼국지(三國志)』 위지(魏志) 왜인전(倭人傳)에 등장한 비미호(卑彌呼; 히미코)라는 인물을 염두에 두고, 후대의 여왕인 추고 · 제명[齊明; 뒤에 황극(皇極)천황이 됨] · 지통(持統)을 모델로 만들어진 허구라는 주장도 이러한 맥락에서 이해된다. 이와 같이 『일본서기』는 고대 야마토[대화(大和)] 정권이 백제의 종주국으로서 한반도에 커다란 영향력을 행사하였으며 삼국 및 가야 등으로부터 조공을 받았다는 전제를 깔고 모든 기사를 서술하고 있다. 이러한 서술은 '임나일본부설(任那日本府說)'을 뒷받침하는 자료로 활용되기도 하였기 때문에, 이에 대한 반감과 상술한 『일본서기』 편찬상의 문제점과 맞물리면서 국내에서는 『일본서기』 전체를 불신하는 경향이 지배적이었다.

그러나 『일본서기』 백제관련 기사는 문헌사료가 절대적으로 부족하여 『삼국사기(三國史記)』와 『삼국유사(三國遺事)』에 크게 의존할 수밖에 없는 백제사 연구에 중요한 자료가 될 수 있다. 최근 들어서 부족한 사료를 보충하기 위하여 이를 적극 활용하는 것은 바람직한 방향이라고 생각된다. 비록 편찬상의 문제점과 내용의 모순됨이 적지 않지만 분명 역사서로 편찬된 것인 만큼 일정한 사실을 추출할 수 있고, 이를 통해 백제사의 본 모습을 만개시킬 수 있는 한 알의 밀알이 될 수 있는 것이다.

다만 염려스러운 것은 백제관련 기사는 『일본서기』 전체의 맥락을 충분히 이해한 이후에 이용하였으면 한다. 기록 자체의 취사선택이 일본의 관점에서 이루어졌기 때문에 왜 이 기사가 여기에 등장하는가라는 맥락을 알지 못하고 자의적으로 이용하였을 경우, 우리도 똑같이 왜곡된 시각 속에서 기록을 이해하는 오류를 범할 수 있기 때문이다. 이를 위해서는 엄밀한 사료 비판을 통해 윤색된 부분과 원 사료를 구별해 내고, 일본측 시각에서 일방적으로 기술된 내용에 대하여 다른 각도에서 고찰하여 다시 이를 상호 연관 속에서 비교·검토하는 작업을 수행해야 한다. 즉, 다자간(多者間) 시각으로 접근하여 재구성해낼 때에 비로소 역사적인 사실에 접근할 수 있는 가능성이 열리는 것이다.

『일본서기』 백제관련 기사 길라잡이

1. 신공황후(神功皇后)

신공황후는 『일본서기』에 의하면 중애천황(仲哀天皇)의 부인으로, 한반도 남부 지역을 평정한 인물이다. 응신천황(應神天皇)이 즉위하기 이전에 섭정을 하였으며, 201년~269년까지 69년간 일본을 통치한 것으로 기록되었다. 이 기록은 왜가 신공황후 때부터 한반도 남부 지역을 지배하였다는 '임나일본부' 설의 주요한 근거가 되고 있다.

하지만 신공황후 때의 기록은 여러 면에서 문제가 많다. 예를 들면 신라에 관한 기사 중 1세기 전후에 재위한 파사(波沙) 이사금과 3세기 중반 경의 석우로(石于老) 전승, 5세기 초반의 박제상(朴堤上) 설화에 나오는 미사흔(未斯欣)과 같은 수 세기의 시간적 편차가 나는 사건이 신공황후 재위 기간에 발생한 것으로 기록되었다.

백제 관련 기사도 예외가 아니다. 이에 따르면 왜는 탁순국을 매개로 백제와 통교를 하고 정벌한 남부 지역을 하사하는 은혜의 국가가 된다.

하지만 신라를 정벌하려던 군대가 도리어 창구 역할을 한 탁순국 등 7개 국가를 평정하고, 아무런 조건없이 백제국에 하사한다는 것은 이치에 맞지 않는다. 더욱이 실질적으로 정벌에 참여한 장군은 목라근자 등 백제계 인물이기 때문에 전투의 주체도 문제가 된다.

분명한 것은 신공기의 기사가 자체적으로 성립하지 못하고 백제 관련 기사를 참조하여 그 절대 연대를 추정하고 있다는 점이다. 이 사건을 백제 근초고왕대로 보고 있는 것도 이 때문이다. 신공황후 재위 연대를 2주갑인 120년 인하하면 관련 기사들이 『삼국사기』 내용과 일치하게 된다. 따라서 신공기 기사는 기준점을 『삼국사기』로 하면서도 『일본서기』의 내용을 따르는 상당한 모순에 빠지게 된다.

기록 자체의 문제를 벗어나 신공황후의 존재도 꾸며낸 가공의 인물로 보는 견해가 설득력을 얻는 것은 이 때문이다. 이를 역사적 인물이 투영된 것으로 보아 7세기에 재위한 여왕들이 모델로 만들어지고, 중국 사서에 보이고 있는 사마대국(邪馬臺國; 야마타이국)의 비미호와 연결시키려는 견해도 그 중의 하나이다.

보다 구체적으로는 6세기 전반 가야를 사이에 두고 신라와 대항 관계에 있던 백제의 기대가 반영되었다거나 6세기 중반 흠명천황(欽明天皇) 때에 보이는 가야 전략이 반영된 것으로 보기도 한다. 또한 실제 백제에 의한 가야 지역 정벌이었으나 일본에 이주한 후손들이 조상들의 활약상을 과장하고, 이를 천황과 연결시켜 그 밀접한 관련을 과시하려는 목적으로 왜곡시켰다는 견해도 있다. 아울러 『일본서기』 편찬 때 일본 중심의 천하관이 반영되어 편찬자에 의해 왜곡된 것으로 보는 등 다양한 견해가 나오고 있다.

따라서 신공기 기사 중 일본 측에 의한 왜곡의 가능성이 있는 용어와 내용, 그리고 실제 사실일 가능성이 있는 백제와 왜의 통교 성립과 군사 활동, 백제의 영역 확장 등을 구분하여 이해하면 보다 흥미로울 것이다. 아울러 칠지도 관련 기사는 현재 전하고 있는 칠지도와 관련해서도 주목을 받고 있다. 진사왕의 즉위 과정도 새로운 사실이다. 또한 근초고왕·근구수왕·침류왕 등의 사망 연대도 거의 일치하고 있어 신공기 기사에 대한 엄밀한 사료 비판을 거친다면 이는 부족한 백제 사료를 보완할 수 있는 매우 중요한 자료가 될 것이다.

끝으로 이 기록이 주로 백제 계통의 사료로 보이는 『백제기』를 직접 인용하거나 참조로 하여 작성된 것으로 보이기 때문에, 신공기의 기록이 어떻게 생성되었을까 음미해보는 것도 흥미를 더할 것이다.

2. 응신천황(應神天皇)

응신천황은 270년~310년 사이에 재위한 왕으로, 중애천황의 넷째 아들이며 어머니는 신공황후이다. 응신천황 역시 그 기록에 대하여 의문이 많으나 백제와 관련해서는 여러 중요한 사실들을 유추해볼 수 있는 자료들이 있어 주목된다.

먼저 진사왕과 아신왕의 즉위 과정은 국내 사서에서는 볼 수 없는 기록이다. 이에 따르면 진사왕이 왕위를 찬탈하였으나 왜에 무례하여 정권을 교체하였다 한다. 하지만 그 왜곡된 부분을 제거하면 백제에 무언가 정변이 있었을 것으로 볼 수도 있다. 또한 『삼국사기』에서도 확인된 전지왕의 왜 파견이 구체적으로 적혀 있어, 이는 바로 고구려의 남하에 대처하기 위한 백제와 왜 사이의 군사협약체계와 관련이 있는 것으로 생각된다.

다음으로 연못의 건설과 궁월군 등의 귀화는 바로 이 시기 왜에 이주한 한인들의 모습을 보여주는 중요한 자료이다. 당시 백제로부터의 선진 기술의 습득은 바로 왜의 농업혁명과도 연결되는 중요한 사건이다. 이는 야마토 정부의 생산력 증대와 밀접한 관련을 맺고, 이러한 경제적 우위는 야마토 정부가 일본 열도를 통일할 수 있는 원동력이 된다.

아울러 아직기와 왕인이라는 우리에게 너무나 익숙한 인물의 귀화는 문자와 경전의 해독을 가능하게 해주어 왜가 국제사회에 등장할 수 있는 기반을 조성하였다. 일본 열도에 중국의 문자를 전수하여 발달한 중국 문화를 전수받을 수 있는 여건이 된 것이다.

마지막으로 25년조 목만치 관련 기사도 주목된다. 목만치는 『삼국사기』에 문주왕의 남행(南行)을 도운 목협만치(木劦滿致)와 동일한 인물로 보기도 하여 생존 시기에 대해 논란이 있다. 목씨는 가야 계열의 유력한 세력으로 백제에서 활동하며, 왜에서도 활약하는 국제적 인물이라는 점에서 우리에게 많은 시사점을 준다. 따라서 목씨와 같은 가야계이면서 백제와 왜에 걸쳐 활약하는 인물들을 눈여겨보면 당시 국제 관

오사카에 있는 왕인묘

계의 흐름을 이해하는 데 큰 도움이 될 것이다.

3. 인덕천황(仁德天皇)

인덕천황은 313년~399년까지 재위한 왕으로, 응신천황의 아들이다. 기준점이 되는 백제의 사건과 비교할 수 없기 때문에 연대를 조정할 수 없고, 따라서 중심 연대를 말하기 곤란하다.

다만 41년조에 등장하는 백제의 강역을 나누었다는 기록은 백제의 지방통치와 관련된 자료로 이용되고 있다. 이를 근초고왕 혹은 개로왕대로 보는 견해가 있어 논란이 되고 있지만 지방통치의 면모를 알 수 있는 중요한 자료로 평가되고 있다.

다음으로 43년조에 등장하는 매 관련 기사도 주목된다. 백제에 편입된 마한 지역은 예로부터 좋은 매가 잡히는 곳으로 유명하였다. 백제 국호를 '응준(鷹準)'이라고 불렀다는 주장이 있을 정도로 매 사냥은 이 지역의 특색인 것이다. 따라서 주군이 왜에 매 사냥 기술을 전파하고 있는 장면도 상상해보면 재미있을 것이다.

4. 웅략천황(雄略天皇)

웅략천황은 456년에서 479년까지 재위한 왕이다. 대체로 개로왕과 재위 기간이 비슷하며, 고구려의 남하에 적극적으로 대처한 사실이 선명하여 재위 기간을 믿을 수 있다. 이 시기는 고구려의 남하에 따른 백제와 왜의 공조가 매우 밀접한 시기로, 많은 백제 관련 자료가 기록되어 있다.

먼저 주목할만한 기록은 곤지의 파견과 무령왕 탄생 설화이다. 이 기록은 1971년 발견된 무령왕릉 지석에서 그 정확성이 입증되었고, 이 때문에 동일한 백제계 사료도 이용될 수 있는 단서를 제공해 주었다. 웅략기의 백제 관련 기사는 『백제신찬』과 『백제기』라는 백제 계통의 사서를 직접 인용하거나 참조하여 작성된 것으로 보인다. 따라서 백제 왕들의 계보를 살필 때 동성왕과 무령왕, 개로왕과 곤지·문주왕의 관계를 구명하는 중요한 실마리를 제공하였다. 아울러 곤지의 파견 시기와 목적 등은 왜에 거주한 한반도 계통 이주민의 규합과 백제와 왜의 군사적 동맹관계 등을 고려하여 살펴야 한다.

둘째, 고구려의 한성 공격에 따른 백제의 위기 상황을 엿볼 수 있다. 웅략기에서 천황과 관련시켜 왜곡한 것을 제거하면 왜의 구원군 파견과 신라·가야의 구원군의 참전에서 비롯된 장기전을 염려한 고구려의 제한적 전쟁으로 이해할 수 있다.

셋째, 동성왕의 즉위 과정을 알 수 있는 자료를 제공하고 있다. 본서에서는 동성왕이 천황에 의해 임명된 것처럼 왜곡되었으나 왜에 기반을 둔 곤지계의 움직임과 이를 왜 정권이 후원하였던 정도로 이해할 수 있다. 특히 당시 상황을 『삼국사기』·『남제서(南齊書)』 기사와 비교하면 왜-백제에 걸쳐 활약한 백제계 이주민들의 모습과 이들의 힘을 바탕으로 동성왕의 즉위가 이루어졌으며, 그가 국제적 인물이었다는 점을 알 수 있을 것이다.

넷째, 이 시기에도 역시 왜에 이주한 백제인의 모습을 살펴볼 수 있다. 한수인부(漢手人部)와 소아한자숙녜(蘇我韓子宿禰)·귀신(貴信)·진조(秦造) 등 백제와 관련된 것으로 보이는 이들이 왜로 대거 이주한 것은 주목된다. 특히 백제계 이주민들은 곤지가 정착한 하내(河內) 지역의 개척과 관련이 있는 것으로 보고 있다. 따라서 야마토 왕조가 하내 지역의 개척에 힘입어 다른 지역의 세력들을 제압하고 있다는 점은 놓칠 수 없는 사실이다. 좀 더 관심을 가진다면 백제계 이주민들이 야마토 왕조의 일본 열도 통일에 도움을 준 사실도 엿볼 수 있을 것이다.

5. 현종천황(顯宗天皇)

현종천황은 485년에서 487년까지 재위한 왕이다. 재위 기간이 짧은 관계로 백제 관련 기사가 거의 없으며, 그것도 가야와의 관련 속에서이다. 다만 현종 3년조에 등장하는 기생반숙녜(紀生磐宿禰)의 모반 기사도 기씨의 전승에서 비롯된 왜곡을 제거하면 가야와 백제와의 관련을 살필 수 있는 자료가 될 수 있다. 다시 말하면 가야와 백제의 충돌은 동성왕 때 영역 확장과 대외 정책의 실상을 알 수 있는 좋은 자료인 것이다.

또한 이 기사에 등장하는 '내두(內頭)'는 6좌평의 하나인 내두좌평과 관련이 있는 것으로 보기도 한다. 고이해(古爾解)와 막고해(莫古解)라느 인명은 '고이'와 '막고'라는 성이 『삼국사기』에도 나오고 있기 때문에 백제 귀족의 모습을 살펴볼 수 있는 자료가 된다.

6. 무열천황(武烈天皇)

무열천황은 498년에서 506년까지 재위한 왕이다. 포악한 인물로 알려졌으며, 이러한 점 때문에 그의 후손이 단절되고 새로운 왕계가 시작되었다. 무열기에는 무령왕의 즉위와 왕계를 알 수 있는 중요한 내용이 기록되었다. 이는 백제계 사서인 『백제신찬』을 인용하였기 때문에 신뢰할 수 있는 자료이며, 또한 『일본서기』가 백제계 사서를 바탕으로 글을 구성하였다는 것을 보여주는 중요한 단서이다.

다음으로 마나군(麻那君)과 사아군(斯我君) 등 백제 왕족이 보인다는 점이 주목된다. 이는 백제와 왜의 협력 관계를 유지하기 위한 제도적 장치의 일면을 보여준다. 또한 무령왕이 마나군을 자신의 혈족이 아니라고 말한 점은 자신의 소가계(小家系)를 차별하기 위한 조치로 보여지며, 신분제의 강화와 관련시킬 수 있다.

7. 계체천황(繼體天皇)

계체천황은 507년에서 531년(혹은 533)까지 재위한 왕이다. 선왕인 무열천황과는 다른 계열로, 응신천황의 5세손으로 기록되었다. 5세손이라는 기록에 의문을 제기하고, 무열천황의 사후 어지러운 틈을 타서 지방 호족인 계체에 의해 왕조의 교체가 이루어진 것으로 보는 견해도 있다. 또한 그의 죽음에 대한 기록도 신해(辛亥)년인 531년 외에 갑인(甲寅)년인 534년도 적혀 있어 논란이 되고 있다. 우리의 흥미를 끄는 것은 531년의 기록이 『백제본기』를 취하였다는 찬자의 언급이다. 이를 통하여 당시 백제계 사서가 『일본서기』 편찬의 기준점이 되고 있는 것이 확인된다.

계체천황의 재위 기간은 무령왕과 성왕에 해당하는 시기로, 우전팔번

화상경(隅田八幡畫象鏡) 명문에 보이는 남제왕(南弟王)과 사마(斯麻)를 계체천황과 무령왕으로 보기도 하나 해석 등에서 여러 문제가 발생하여 신중한 검토가 필요하다. 이와 비슷하게 계체천황이 새로운 왕조를 개창할 때 백제계의 도움을 받은 것으로 보기도 한다. 그가 재위한 시기는 백제가 국가체제를 정비하여 사비로 천도하기 직전이며, 가야 지역을 둘러싸고 신라와 치열하게 각축을 벌였다. 따라서 주로 백제와 가야의 외교 관련 기사가 주류를 이룬다.

눈여겨 볼 점은 왜가 임나의 4현(縣) 등을 백제에 할양한 기사이다. 이는 백제와 가야의 관계를 이해하는 매우 중요한 자료로, 실제는 백제의 가야 방면 진출을 왜가 마치 할양한 것처럼 곡해한 것으로 이해된다. 또한 기문(己汶)·대사(滯沙)·다사진(多沙津) 등의 할양도 반파국(伴跛國)으로 나오는 대가야와 미묘한 관계에 있었던 사실을 반영한 것으로 보인다.

백제의 이 지역 진출은 『양직공도(梁職貢圖)』 등에서도 확인되기 때문에, 참고적으로 이를 살펴보면 큰 도움이 될 것이다. 따라서 백제의 가야 진출은 많은 문제를 야기시켜 신라와 왜까지도 민감한 반응을 보인 것으로 이해되며, 계체기에 보이는 백제의 가야 방면 진출 기사는 가야를 둘러싼 백제와 신라의 다툼, 그리고 가야의 자구 노력으로 이해하면 될 것이다.

다음으로 백제는 가야의 진출에 그치지 않고 구 백제계 주민들을 호적에 편입시키는 등의 조치를 취한다. 이에서는 백제가 호구 파악 등

실질적인 지방통치를 시도하고 있는 것을 엿볼 수 있다.

끝으로 계체천황 2년 남해의 탐라와 통교한 기록은 백제 관련 기사가 바탕이 되었음을 보여준다. 일본열도에서 제주도는 남쪽 방향이 아니며, 따라서 남쪽은 백제에서 본 방향이다. 다시 말하면 백제의 기록을 왜의 기록인 양 둔갑시켰으나 이는 명백하게 『일본서기』 본문에 있는 내용도 백제 계통의 사료를 바탕으로 작성된 사실을 보여준다 할 수 있다. 따라서 계체천황 때 보이는 『백제본기』 등의 인용문과 백제 관련 기사의 출처 등을 고려하여 글을 읽으면 훨씬 재미있을 것이다.

8. 안한천황(安閑天皇)

안한천황은 531년(혹은 533)에서 535년까지 재위한 왕으로, 계체천황의 아들이다. 선화천황과는 친형제이나 흠명천황과는 배다른 형제이다. 계체천황이 죽은 시기가 분명하지 않은 것과 관련시켜 흠명천황과 왕위 계승을 둘러싸고 복잡한 분쟁이 발생한 것으로 보아 두 왕조가 병행하였다고 보기도 한다.

안한천황은 2년이라는 짧은 기간 동안 재위하였으므로 백제와의 관련은 특별히 눈에 띄지 않는다. 그러나 왜에 온 백제의 사신 표기가 부명+관등+성명으로 되어 있어 백제의 5부제 실시 시기와 관련해서 주목된다. 아울러 귀족들의 이름 앞에 부명을 붙인 것은 귀족들에 대한 통제로 이해된다.

9. 선화천황(宣化天皇)

선화천황은 535년에서 539년까지 재위한 왕으로 계체천황의 아들이다. 안한천황과 같이 배다른 형제인 흠명천황과의 관계가 주목을 받고 있다. 별다른 기사의 내용은 없으나 협수언이 임나를 도와준 것은 당시 금관가야의 항복에 따른 신라와 백제·왜의 미묘한 관계를 살펴보는데 도움이 된다.

10. 흠명천황(欽明天皇)

흠명천황은 539년에서 571년까지 재위한 왕으로, 계체천황의 정식 부인에게 난 적자이다. 배다른 형인 안한천황과 선화천황의 뒤를 이어 즉위한 것으로 기록되었지만 앞서 언급한 것처럼 다른 견해도 있다.
본기에는 백제 관련 기사가 가장 많이 보이며, 마치 백제 사료를 보는 것과 같은 착각이 든다. 이는 흠명천황이 백제와 매우 밀접한 관계를 유지하였다는 반증이기도 하다. 실제 즉위 전기조에 나오는 진대진부(秦大津父)와 진인 등은 신라계로 보는 견해가 유력하지만 백제계로 보는 견해도 있어, 이들이 흠명천황의 즉위에 도움을 주었다고 보기도 한다.
먼저 흠명기 기사의 많은 내용은 임나 재건과 관련되어 있다. 임나 재건회의와 임나 및 일본부를 둘러싼 백제와 왜, 그리고 임나와 일본부의 입장이 자세하게 묘사되어 있다. 이는 백제와 신라의 이 지역 진출과 이에 대한 왜와 가야의 입장이 일본 측 시각에 의해 왜곡된 것으로 보인다. 따라서 이를 바로 잡는다면 실제 이 지역을 둘러싼 백제와 신라의 치열한 신경전을 엿볼 수 있다. 고구려 때문에 두 나라 모두 전면전을 하지 못하지만 이를 확보하고자 한 모습을 볼 수 있기 때문이다.

둘째, 가야 진출과 불가분의 관계를 맺고 있는 백제의 한강 유역 확보와 상실도 『삼국사기』에서는 볼 수 없는 생생한 자료이다. 이 때문에 백제는 일본의 군사적 도움을 받는 대신 반대 급부로 일본에 선진문물을 전수하였다는 등가 교환을 주장한 견해도 있다. 흠명기의 독자적인 내용은 백제와 신라가 한강 유역을 확보한 이후 정면으로 충돌하기 전에 이미 백제는 왜, 신라는 고구려와 접근하여 나름대로의 대비를 하고 있었다는 점이다. 따라서 당시 백제와 신라의 협력과 결별은 가야 지역과 한강 지역의 확보라는 큰 흐름 속에서 진행되었다는 것을 알 수 있다.

셋째, 백제가 왜에 불교를 전파한 사실이다. 불교의 수용은 고대 국가에서 왕권 강화와 매우 밀접하게 관련이 있다. 지역마다 모시는 신이 다르고 종교 의식도 다른 것은 국가에서 정책을 일률적으로 적용하기에 어려움이 있었다. 그런데 불교를 수용하여 사상적 통일을 기함으로써 각 지역의 특수성을 줄이고, 또한 부처를 정점으로 한 왕이 곧 부처라는 사상을 퍼뜨려 왕권 강화에 큰 도움이 되었다. 이러한 고등 종교를 백제가 왜에 전파하는 것은 왜의 일원화된 지원이 필요하였다는 인식과 관련이 있다. 불교의 수용에 대한 찬성과 반발의 모습을 보이는 것은 이러한 흐름과 무관하지 않을 것이다. 결국 백제에서의 선진문물 수용은 왜의 왕권 강화와 통일에 커다란 기여를 하였다는 점을 엿볼 수 있으며, 이러한 측면에서 불교와 선진문물의 전수를 이해해야 한다.

넷째, 『삼국사기』에서 볼 수 없는 여러 사실들을 엿볼 수 있다. 임나 재건의 쟁점으로 등장하고 있는 백제의 군령과 성주 등은 백제의 이 지역 진출과 관련있지만 또한 백제의 지방통치와 관련해서도 좋은 자료를 제공한다. 또한 임나 재건회의를 통해 백제 귀족회의의 모습도 살필 수 있다. 아울러 사신의 표기가 부명+관등+이름으로 되어 있어 절대적으로 부족한 백제의 부와 관등, 그리고 인물들에 대한 소중한 정보를 얻을 수 있다. 예를 들면 특정 성씨가 어떤 부에 속하였는가, 혹은 어떤 인물이 언제 관등이 승진하였는가를 엿보면 보다 흥미로울 것이다.

끝으로 가야의 패망과 임나일본부 문제는 백제 관련 기사만 보아서는 안된다. 이에 흥미를 느끼면 가야와 신라 관련 부분 기사도 별도로 읽어본다면 보다 큰 안목이 생길 것이다.

11. 민달천황(敏達天皇)

민달천황은 572년에서 585년까지 재위한 왕으로, 흠명천황의 둘째 아들이다. 민달의 재위 기간은 백제계 혹은 한반도 이주민 세력과 관련있는 소아씨(蘇我氏)의 세력이 점차 부상하여 물부씨(物部氏)와 권력 다툼을 벌인 시기이다. 그 대립은 표면상으로 불교의 수용 여부를 놓고 진행되나 기존의 기득권을 가진 세력과 한반도의 지원을 받아 부상한 세력 간의 정권 다툼이다. 이 싸움에서 소아씨가 승리함으로써 권력을 잡게 되고, 이들은 문화 선진국인 백제와의 교역을 장악하여 더욱 권력을 확고히 다진다. 소아씨는 가야계, 혹은 백제계 목씨로 보는 견해가 있긴 하지만 보다 확실한 것은 그의 정치적 운명이 백제와 관련이 있었다는 점이며, 백제의 후원으로 천황을 능가한 권력을 소유하게 된 것으로 평가된다.

또한 민달기에 보이는 왕진이도 백제와 관련이 있는 한반도계 이주세력으로 보고 있다. 왕진이의 국서 해독 능력은 바로 선진문물 전수 이상의 의미가 있다고 생각된다. 유교식 관료체제와 통치 규범을 이해할 수 있는 언어의 소통이 되었기 때문이다.

무엇보다도 중요한 것은 일라의 정책 조언이 백제와 왜 사이에 매우 심각한 갈등 요인으로 발생하고 있다는 점이다. 일라는 그의 아버지가 가야의 왕이었던 인물이며, 기존에 권력을 장악하였던 물부(物部) 세력과도 관련이 있었던 인물이다. 그는 백제에서도 달솔의 벼슬을 할 정도로 상당한 활약을 하였다. 그가 언급한 백제가 새로운 나라를 건설하고자 하는 내용은 매우 흥미로운 기사이다. 일라 일족이 세운 화위북국(火葦北國)처럼 백제가 축자 지역에 새로운 나라를 건설하려는 의미가 무엇인지 한번 상상해보는 것도 필요할 것이다. 그런데 일라는 백제에 반하는 정책을 조언함으로써 결국 백제에 의해 피살된 것으로 나온다.

이는 일본 내 대외정책 및 권력의 향방과 밀접한 관련이 있기 때문에 이를 유심히 살펴보면 더욱 흥미가 있을 것이다.

12. 숭준천황(崇峻天皇)

숭준천황은 587년에서 592년까지 재위한 왕으로, 흠명천황의 아들이다. 용명천황(用明天皇)이 죽은 뒤 왕위 쟁탈전이 발생하였으나 소아씨의 지지를 받아 물부씨 세력을 타도한 후 즉위하였다. 하지만 그를 옹립한 실권자인 소아마자와 갈등이 발생하여 살해당했다.

비록 짧은 기간이지만 백제로부터 불교를 적극 수용하는 등 선진문물 수용에 적극적인 시기였다. 특히 비구니 선신아니(善信阿尼)의 백제 유학과 이후 왜에서의 비구니와 승려의 출가(出家)가 이루어지며 불교가 본격적으로 수용된 시기다. 북사 건립 口한 끄극끽이너서 이에 필요한 기술자의 파견과 법흥사가 조성되었다. 따라서 불교의 수용을 단순한 종교적 행사로 볼 것이 아니라 백제와의 긴밀한 관계, 나아가 친백제 계열의 정권 장악과 관련시켜 보면 흥미로울 것이다.

13. 추고천황(推古天皇)

추고천황은 592년에서 628년까지 재위한 왕으로 흠명천황의 딸이다. 소아씨에 의해 옹립된 여왕으로, 불교가 발달하여 아스카[비조(飛鳥)]

문화가 개화되던 시기이다. 추고 재위기에는 성덕태자(聖德太子)가 섭정하였다고 하나 실권을 친백제계인 소아씨가 장악하였기 때문에 소아씨의 정치적 영향력을 크게 벗어나지 못한 것으로 생각된다.

　백제에서 이미 시행된 관위제(官位制)와 율령을 수용하여 관위 12제도, 헌법 17조 등을 반포한 것은 선진문물의 수용이 점차 율령제 국가의 지향이라는 정치체제의 개혁으로 이어진다는 점을 보여준다. 이는 중국이 수나라에 통일된 것과 관련이 있다. 수나라는 주변 국가에 복속을 강요하고, 이에 위기감을 느낀 한반도와 일본 열도가 서로 국가체제의 정비에 박차를 가하고 있는 것이다. 추고기에 고구려 승려와 사신이 구체적으로 보인다는 점, 그리고 백제의 아좌태자가 파견되는 상황은 바로 고구려와 왜의 접근을 주시하려는 백제의 움직임으로 보면 흥미로울 것이다.

　추고천황 때의 백제관련 기사도 불교의 전파와 행사에 백제가 매우 적극적이었으며, 그 이면에 있는 소아씨의 의도를 상상해보면 보다 상황을 잘 이해할 수 있을 것이다. 이 시기에 보이는 많은 귀화인과 특히 백제 승려 관륵이 불교의 우두머리인 승정(僧正)으로 임명되어 불교계를 주도한 점도 살펴보아야 한다. 또한 이미 멸망한 임나 기사가 다시 등장하고 있는 것은 관념적 지배 의식으로서 오히려 그 이전의 임나 지배도 관념에서 비롯되었다는 점을 보여주는 단서가 된다. 아울러 백제의 왜 국서 탈취 사건 등은 왜의 대외정책에 백제가 얼마나 민감하게 반응하고 있는가를 단적으로 보여준다. 덧붙여 이 사건이 바로 무마되는 것은 당시 왜가 백제의 도움이 매우 필요하였다는 것을 역설적으로 보여준다 하겠다.

14. 서명천황(舒明天皇)

서명천황은 629년에서 641년까지 재위한 왕으로, 성덕태자의 아들인 산배대형왕(山背大兄王)과의 다툼 때 소아하이(蘇我蝦夷)의 추대를 받아 즉위하였다. 따라서 서명천황이 다스리던 시기는 소아씨가 가장 전성기를 구가한 시대로, 이 때 소아하이와 소아입록(蘇我入鹿)이 정권을 장악하였다.

서명기 기록에서 유념할 점은 당의 압박으로 점차 외교 정책의 뚜렷한 변화가 감지되고 있다는 사실이다. 백제 관련 기사에서 보면 고구려와 백제의 사신이 같이 조공한 것은 바로 당의 압박에 내서아려는 왜의 노력으로 두 나라가 외교적 측면에서 점차 접근하는 모습을 보여준다 하겠다. 또한 이제까지의 백제를 통한 대중국 외교가 아닌 신라를 거친 사신의 귀국 모습도 흥미롭다. 이는 왜가 중국을 가기 위해선 바닷길을 장악하고 있는 신라와의 교섭이 필수적이었다는 점과 아울러 당의 입장에서 신라를 통한 대외교섭을 주도한 흔적을 엿볼 수 있어 흥미롭다.

이와 같이 급박한 대외 정세로 백제는 왕자인 풍장을 파견하였을 뿐만 아니라 왜에 파견한 사신의 위계도 매우 높아지고 있다. 이는 바로 백제가 왜와의 대외 교섭에 매우 적극적이었고, 그 이면에는 백제 이외의 다른 대안을 찾을 수도 있다는 위기감이 작용한 것으로 보인다. 하지만 백제궁 및 백제대사의 조영은 왜가 여전히 친백제적이었다는 점을 유감없이 보여준다. 서명천황의 장례도 백제대빈(百濟大殯)으로 하였다는 점은 보다 확실한 증거가 될 것이다.

15. 황극천황(皇極天皇)

황극천황은 641년에서 645년까지 재위한 왕으로, 서명천황의 황후이며 천지천황과 천무천황을 낳았다. 645년 뒤에 천지천황이 된 중대형황자(中大兄皇子) 등이 소아안작(蘇我鞍作)을 죽이자 효덕천황에게 양위하였다. 하지만 효덕천황의 사후 다시 왕위에 올라 제명천황이 되었다.

황극이 재위한 시기는 당나라의 압박에 의해 삼국의 이합집산(離合集散)이 이루어지면서 왜 또한 영향을 크게 받았던 시대이다. 이 때 고구려와 백제는 전격적인 화해가 이루어졌고, 신라는 당에 접근을 시도하였다. 왜 또한 영향을 받아 645년 대화개신(大和改新; 다이카개신)이 이루어졌다. 따라서 640년대 초반 동북아시아 여러 나라들의 변화상을 염두에 두고 백제 관련 기사를 읽어보면 보다 흥미로울 것이다.

황극기에는 어느 때보다도 빈번한 백제의 사행(使行)과 고구려 사신과의 동행이 주목된다. 그리고 풍장과 교기 등 왕자들의 체류와 대좌평 지적과 달솔 관위를 가진 대사 등 백제에서 매우 지위가 높은 사람들이 사행한 것은 이 시기 백제의 대왜외교가 매우 중요하였음을 보여준다.

문화면에서는 백제대사가 조영되어 역시 왜 정권이 전통적인 친백제 노선을 걷고 있다는 것이 확인된다.

이와 별도로 백제에서 큰 난리가 발생하였다는 기록은 의자왕의 정치개혁과 관련된 귀중한 사실을 제공해준다. 또한 여풍과 교기가 동일 인물인지 아니면 별도의 인물인지도 논란이 된다. 그리고 왜 이들이 왜에 거주하였고, 이의 동향이 세밀하게 기록된 점은 무엇 때문이었을까를 생각해보면 재미있다. 아울러 최고위층인 사택지적의 행적과 교기와의 관련 여부, 볼모의 존재와 사신의 별도 파견 등은 백제와 왜의 관계를 그려보는 데 매우 유익한 자료가 될 것이다.

16. 효덕천황(孝德天皇)

효덕천황은 645년에서 654년까지 재위한 왕으로, 황극천황의 동생이다. 대화개신 때 황극천황에게서 왕위를 물려받아 즉위하였고, 정변을 주도한 중대형황자를 황태자로 삼았다. 이 때 연호를 대화로 하고, 후에 백치(白雉)로 개정하였다. 하지만 중대형황자와 갈등이 생겨 653년 무력화되었고, 654년 난파(難波; 나니와)의 궁에서 병사하였다.

이 시기의 특징은 이제까지 왜의 일관된 친백제 외교노선이 변화된다는 점이다. 이는 친백제 노선을 추구한 소아씨가 실각되었던 것과 관련이 있다고 보인다. 효덕천황이 정권을 장악한 것도 당이라는 통일 제국의 압박에 대처하기 위한 다양한 방법의 모색이라는 시대적 산물이다.

이러한 상황은 왜의 생존과 직결되며, 따라서 이 무렵 일방적인 친백제 노선 외교에서 탈피한 흔적이 보이고 있는 것이다. 특히 신라의 차별화된 친당 노선과 당의 신라에 대한 지원도 변수가 되었다. 당의 지원에 힘입어 신라가 왜에 접근하고 있는 것이다. 신라의 실권을 장악한 김춘추가 647년 왜에 온 기록의 신뢰성에 의문을 제기하기도 하지만 당시 동북아시아 상황을 고려하면 실제일 가능성이 높다. 신라는 고구려에도 접근하려다 실패하였기 때문이다.

또한 백치라는 연호를 사용한 사실도 주목할 필요가 있다. 흰 꿩을 바친 것을 국가의 상서로운 일이라는 분위기로 몰아가면서 연호까지 바꾸었다. 그런데 이를 맨 먼저 자문한 사람이 바로 백제군이다. 백제군은 풍장으로 추정되며, 그는 단순히 체류하는 것이 아닌 일본의 연호를 바꾸는데 기여할 정도로 상당한 정치적 비중이 있는 활동을 하였음을 보여준다. 그리고 이 의식을 거행할 때 백제군뿐만 아니라 왕자 색상·충승 등이 참여하고 있는 것도 눈여겨보아야 할 것이다.

17. 제명천황(齊明天皇)

제명천황은 655년에서 661년까지 재위한 37대 여왕이다. 35대 황극천황이 효덕천황의 사후 다시 등극하여 제명천황이 된 것이다. 제명천황이 등극한 시기는 신라와의 화해를 강제한 당의 최후 통첩에 불복하여 백제가 고구려·말갈과 함께 신라를 공격한 시기이다. 당은 이후 백제의 침공을 준비하였으며, 두 나라 사이에서 왜의 행동반경도 좁아질 수 밖에 없었다. 따라서 제명천황의 재위 기간은 효덕천황이 백제 일변도의 정책에서 신라와 당을 고려한 다자간(多者間) 외교를 시도한 것과 확연한 차이가 난다. 친백제 노선을 분명히 함으로써 고구려-백제-왜가 연합하여 신라-당의 연합과 맞선 것이다. 이러한 연유로 당은 기록에 보이는 것처럼 659년 파견한 왜의 사절을 백제 침공의 비밀이 알려질 것을 두려워하여 억류하였던 것이다.

제명천황이 즉위하자마자 백제에서 대규모 사절단을 보내는 것은 바로 백제와 왜의 협력을 과시하기 위한 행동일 것이다. 이 때문에 신라는 왜의 당나라 사신 파견에 협력을 하지 않는 등 친백제 노선에 반발한 것으로 생각된다.

제명기의 기록에는 『삼국사기』 백제본기에 보이는 것처럼 백제 멸망에 관한 전조(前兆)가 많이 보인다. 이는 당시 동요하고 있는 민심의 반영으로 이해되며, 백제와 같은 배를 탄 왜의 불안함을 보여주는 것이다. 또한 백제의 멸망 사실을 전하는 기사, 그리고 일본의 백제 구원에 관한 기사는 매우 중요한 기록이다. 사실상 백제 멸망에 관한 기록은 멸망 이후에 쓰여진 것이기 때문에 『일본서기』에 보이는 기사는 백제 유민들에 의해 전해진 매우 소중한 자료로 평가된다.

제명천황이 백제의 멸망 이후 부흥군의 구원 요청을 받고 직접 축자에까지 가서 구원 준비를 한 것은 단순한 군사협력 단계를 넘어선 행동으로 보인다. 물론 기록에는 복속국에 대한 구원이라는 편향된 시각이 존재하지만, 이를 제거하면 왜의 안위와도 직결된 심각한 위기 상황이라고 받아들였음을 짐작할 수 있다.

아울러 왜에 있다 부흥운동 세력에 의하여 왕으로 추대된 풍장의 귀국과 구원병 파견 시기, 풍장과 규해와의 동일성 여부는 아직도 학계에서 논란이 되고 있는 문제이다. 이를 염두에 두고 유심히 살펴보면 나름의 생각을 갖게 되며, 다른 자료와 비교하면 보다 흥미로울 것이다.

18. 천지천황(天智天皇)

천지천황은 대화개신을 주도한 중대형황자로 아버지는 서명천황, 어머니는 황극(제명)천황이다. 재위 기간은 661년에서 671년까지로, 백제가 멸망한 이후 신라가 백제의 부흥운동을 진압하고 구백제 지역을 병합한 시기와 일치한다.

제명기에 보이는 것처럼 백제 부흥운동의 패배와 고구려 멸망을 암시하는 기사가 보이는 것도 당시 흉흉한 민심의 반영인 듯하다. 또한 풍장의 귀국과 구원군의 파견이 제명기와 겹치고 있기 때문에 보다 세밀하게 읽을 필요가 있다. 이는 백제 부흥운동 세력의 권력 다툼에서 비롯된 패망과도 밀접하게 관련이 되는 매우 중요한 자료로 평가된다.

또한 주류성에서 피성으로 도읍을 옮기는 기사는 주류성과 피성의 위치를 살필 수 있는 좋은 자료이며, 부흥운동 세력의 내분 모습도 엿볼 수 있다. 아울러 당과 신라, 백제와 왜가 참전한 동아시아 최초의 국제

전쟁인 백촌강 전투의 모습을 그려보는 것도 흥미가 있을 것이다. 왜의 구원군이 우세한 숫자와 병력으로 무장한 수군을 보유하였지만 실제의 전투에서 맥없이 무너지는 것은 오랜 항해의 여파 혹은 정예병인 당군의 상대가 되지 않는 혼성군에 불과하였다는 견해도 있다.

끝으로 본서의 내용에는 포함되지 않았지만 당과 신라의 침입을 방어하기 위한 왜의 방어체계 구축, 그리고 백제의 대규모 유민을 받아들여 체제를 정비하는 왜의 변화 등을 살펴본다면 백제 멸망이 일본에 끼친 영향을 잘 알 수 있을 것이다.

19. 본서의 편집 원칙

○ 일본식 발음이 원칙이나 이를 적용할 경우 독자들이 인명과 지명 등에 접근하기가 어려워 독자의 이해와 편이를 위하여 우리가 읽는 발음대로 표기하는 것을 원칙으로 하였다.

○ 가급적 『일본서기』 분주에 있는 백제관련 사서 인용은 전문을 실었다.

○ 전체적인 백제계 자료의 원천을 이해하기 위해서 작성하였기 때문에 백제사료와 직접 관련된 것은 해당 기사의 전체 원문, 그리고 중요하지만 중간 부분에 필요한 부분이 없는 것은 생략과 함께 필요한 부분만 원문을 실었으며, 이해를 돕기 위해 필요한 것은 요약하여 실었다.

○ 처음 도입에 어렵고 이해에 장애가 될(접근이 어렵다고 생각할 오

해가 있는 부분) 것은 과감히 생략하였다. 예를 들면 간지(干支)는 부득이한 경우만 제외하고 년과 달 정도만 적었고 생략을 하였다.

○ 잘못되었다고 판단되거나 독자의 접근을 쉽게 하기 위해 필요한 경우 수정을 하거나 괄호로 처리하였다. 예를 들면 간솔→한솔, 고려→고구려 등이다.

○ 본서에서 다룬 시기는 백제와 교섭이 있는 신공황후에서 천지천황 재위까지이며, 편의상 663년 백제 부흥운동세력이 주류성에서 항복하여 백제라는 이름이 없어진 시기까지만 다루었다. 물론 백제 유민이 일본으로 망명하여 활동한 부분도 다루어야 하나 중국의 백제관련 기사와의 형평성 문제와 실제 백제와의 관련성보다는 왜와의 관련성이 두드러지기 때문에 별고에서 다룰 필요가 있다고 판단되어 다루지 않았다.

* 본서에서는 백제관련 기사만 취급하고 있기 때문에 같은 시기의 고구려·신라·가야 관련도 검토해야 보다 이해가 쉬울 것이다. 나아가 전체 『일본서기』의 기사 내용 속에서 백제관련 기사를 비교하면 많은 도움이 될 것이다. 관심있는 독자라면 본서에서 이해가 되지 않는 부분은 이를 통하여 해소하였으면 한다.

『일본서기』 백제 관련 기사

1. 신공황후(神功皇后)

○ 46년(366) : 백제 근초고왕 21년(이하 추정 연대)

― 탁순국을 통한 백제와의 첫 교섭

봄 3월 사마숙녜(斯摩宿禰)를 탁순국(卓淳國)에 보냈다. 이에 탁순왕 말금한기(末錦旱岐)가 사마숙녜에게 다음과 같이 말하였다. "갑자년 7월에 백제인 구저(久氐)·미주류(彌州流)·막고(莫古) 세 사람이 우리 영토에 이르러 '백제왕은 동방에 일본이라는 귀한 나라가 있다는 말을 듣고 저희들을 보내 조공하게 하여, 가는 길을 찾다가 여기에 이르렀습니다. 만약 신에게 길을 통하게 가르쳐주면 우리 왕께서는 반드시 매우 덕이 있는 임금이라고 할 것입니다' 라고 말하였소. 그래서 구저 등에게 '본래 동방에 귀한 나라가 있다는 것은 들었으나 아직 왕래하지 않아 그 길을 알지 못하오. 바닷길이 멀고 풍랑이 거세 큰 배를 타야만 겨우 왕래할 수 있소. 그러니 비록 바닷길과 항구가 있다 하여도 어떻게 도달할 수 있겠는가' 라고 말하였소. 이에 구저 등이 '그렇다면 지금은 왕래할 수 없지만 다시 돌아가 선박을 갖춘 이후에 왕래를 하겠습니다' 라고 하고, 거듭 말하길 '만약 귀한 나라의 사신이 온다면 반드시 우리나라에 알려주십시오' 라고 하며 돌아갔소." 이에 사마숙녜는 시종 이피이(爾疲移)와 탁순 사람 과고(過古) 두 사람을 백제국에 보내 왕을 위로하였다. 이 때 백제 (근)초고왕은 매우 기뻐하여 이들을 대우하였다. 이에 다섯 가지 빛깔의 비단과 명주 각 1필 및 뿔로 만든 활과 화살, 철정 40매를 이피이에게 예물로 주었다. 이어 보물창고를 열어 여러 진기한 물건을 보여주며 말하길 "우리나라에는 이와 같이 진기한 보물이 많아 귀국(貴國)에 바치고자 하나 길을 알지 못해 마음만 있을 뿐 복종하지 못하고 있다. 그러나 지금 마침내 사신에게 딸려 바칠 수 있었다"라고 하였다. 이에 이파이가 삼가 일을 마치고 돌아와 사마숙녜에게 보고하고 탁순으로부터 돌아왔다.

○ 47년(367) : 백제 근초고왕 22년
— 백제와 신라의 조공

여름 4월에 백제왕이 사신 구저·미주류·막고 등을 보내 조공하였다. 이 때 신라의 조공 사신이 구저와 함께 이르렀다. 이에 황태후와 태자 예전별존(譽田別尊)이 크게 기뻐하여 "선왕이 바라던 나라의 사람이 지금 와서 조공하다니 천황이 계실 때 이르지 못함이 안타깝다"라고 말하자 신하들 모두 눈물을 흘리지 않는 사람이 없었다. 두 나라의 공물을 검사하였다. 이 때 신라의 공물은 진기한 것이 매우 많았는데, 백제의 공물은 적고 값이 싸서 좋지 않았다. 그래서 구저 등에게 "백제 공물이 신라에 미치지 못함은 어떠한 까닭인가"라고 물었다. 이에 대답하기를 "우리가 길을 잃어 사비신라(沙比新羅)에 이르렀더니 신라인이 신들을 체포하여 감옥에 가두고 세 달이 지나자 죽이려고 하였습니다. 이 때 구저 등이 하늘을 향해 저주하였더니 신라인이 그 저주를 두려워하여 죽이지 않고 우리 공물을 빼앗아 자기 나라의 공물로 삼았고, 신라의 값싼 물건을 바꾸어 우리나라의 공물로 하였습니다. 그리고 신 등에게 '만약 이 일을 그르친다면 돌아오는 날에 너희들을 죽이겠다' 라고 하여 구저 등은 두려워 쫓았을 뿐입니다. 이로써 겨우 천조(天朝; 왜 조정)에 도달할 수 있었습니다"라고 하였다. 이 때 황태후와 예전별존은 신라 사신을 책망하고 천신(天神)께 빌며, "누구를 백제에 보내어 일의 잘잘못을 따지고, 누구를 신라에 보내어 그 죄를 물어야 합니까"라고 하였다. 그러자 곧 천신이 가르침을 내려 "무내숙녜(武內宿禰)와 의논하고 나서 천웅장언(千熊長彦)을 사신으로 삼으면 바라던 것처럼 될 것이다"라고 하였다.[천웅장언은 분명하게 그 성을 알 수 없다. 일설에는 무장국(武藏國) 사람으로 지금의 액전부규본수(額田部槻本首) 등의 시조라고 한다. 『백제기(百濟記)』에는 직마나나가비궤(職麻那那加比跪)라고 하는데, 대략 이 사람인 듯하다.] 이에 천웅장언을 신라에 보내 백제가 바친 물건을 빼앗은 것을 책망하였다.

○ 49년(369) : 백제 근초고왕 24년

― 신라 정벌과 가야 7국의 평정, 침미다례의 하사와 백제의 왜에 대한 조공 맹세

봄 3월 황전별(荒田別)과 녹아별(鹿我別)을 장군으로 삼아 구저 등과 함께 군사를 정비하여 (바다를) 건너가 탁순국에 이르러 신라를 습격하려고 하였다. 이 때 어떤 사람이 "병사의 수가 적어서 신라를 깨뜨릴 수 없으니 다시 사백(沙白)과 개로(蓋盧)에게 표문을 바쳐 군사를 늘려달라고 청하십시오"라고 하였다. 곧 목라근자(木羅斤資)와 사사노궤(沙沙奴跪)[이들 두 사람은 그 성을 알 수 없다. 다만 목라근자는 백제의 장군이다]에게 명하여 정예 병사를 이끌고 사백·개로와 함께 보냈다. 모두 탁순에 모여 신라를 쳐서 깨뜨렸다. 이어 비자발(比自㶱)·남가라(南加羅)·탁국(喙國)·안라(安羅)·다라(多羅)·탁순(卓淳)·가라(加羅) 등 7국을 평정하였다. 이에 군사를 옮겨 서쪽으로 돌아 고해진(古奚津)에 이르러 남쪽 오랑캐인 침미다례(忱彌多禮)를 무찔러 백제에게 주었다. 이에 그 왕인 초고(肖古; 근초고왕)와 왕자인 귀수(貴須; 근구수왕)가 또한 군사를 이끌고 와서 모였다. 이 때 비리(比利)·벽중(辟中)·포미(布彌)·지반(支半)·고사(古四) 읍이 자연스럽게 항복하였다. 이리하여 백제왕 부자와 황전별·목라근자 등이 함께 의류촌(意流村)[지금의 주류수지(州流須祇)이다]에서 만나 서로 보고 기뻐하며, 답례를 후하게 하여 보냈다. 오직 천웅장언만 백제왕과 백제국에 이르러 벽지산(辟支山)에 올라 맹서하고, 다시 고사산(古沙山)에 올라 반석(磐石) 위에 함께 앉았다. 이 때 백제왕이 맹서하기를 "만약 풀을 깔고 앉으면 불에 탈 염려

가 있습니다. 또 나무를 깔고 앉으면 홍수에 쓸려갈 염려가 있습니다. 그러므로 반석에 앉아 맹서하는 것은 영원히 썩지 않을 것임을 나타내는 것입니다. 이리하여 지금부터는 영원토록 끊임없이 서쪽의 번국(蕃國)임을 칭하며 봄·가을로 조공할 것입니다"라고 하였다. 이어 천웅장언을 데리고 도읍 아래에 이르러 예우를 두텁게 하였으며, 또한 구저 등을 딸려 보냈다.

○ 50년(370) : 백제 근초고왕 25년
― 정벌군의 귀환과 백제의 조공, 다사성의 하사
봄 2월 황전별 등이 돌아왔다.
여름 5월 천웅장언과 구저 등이 백제로부터 이르렀다. 이에 황태후가 기뻐하며 구저에게 "바다 서쪽에 있는 여러 한(韓)을 이미 너희 나라에 주었는데, 지금 무슨 연유로 자주 오는가"라고 물었다. 구저 등이 아뢰며 "천조의 큰 은혜가 멀리 보잘 것 없는 우리나라까지 미치니 우리 왕이 뛸 듯이 기뻐하며 마음을 주체하지 못하였습니다. 이로 인하여 사신이 돌아가는 길에 지극한 정성을 다하는 것입니다. 비록 많은 세월이 지난다 해도 조공하지 않는 해가 있겠습니까"라고 하였다. 황태후가 조칙을 내려 "너의 말이 참 좋구나! 이는 짐의 생각이도다"라고 하며, 더하여 다사성(多沙城)을 주어 왕복하는 길의 역으로 삼게 하였다.

○ 51년(371) : 백제 근초고왕 26년

– 백제의 조공과 천웅장언의 백제 파견

봄 3월 백제왕이 또 구저를 보내 조공하였다. 이에 황태후는 태자와 무내숙녜에게 "짐이 백제국과 친교하는 것은 하늘이 내리셨지 사람에서 비롯되지 않았다. 좋은 노리개와 진귀한 물건은 앞서 없었던 것인데, 해를 거르지 않고 항상 와서 공물을 바쳤다. 짐은 이 정성을 생각하면 항상 기쁘도다. 짐이 생존해 있을 때와 같이 돈독히 하여 은혜를 더 하라"고 말하였다.

이 해 천웅장언을 구저 등에게 딸려 백제국에 보냈다. 이로 인하여 큰 은혜를 내려 "짐은 신의 계시에 따라 처음 길을 열었고 바다 서쪽을 평정하여 백제에 주었소. 지금 다시 우호를 두텁게 맺어 영원토록 총애하리라"고 말하였다. 이 때 백제왕 부자는 나란히 머리를 땅에 대고 아뢰길 "귀국의 큰 은혜는 하늘과 땅보다 무거운데 어떤 날 어떤 때라도 감히 잊을 수 있겠습니까. 성스러운 왕께서 위에 있으면서 해와 달과 같이 밝게 비추니, 지금 신하는 아래에 있으면서 산악과 같이 굳게 영원토록 서쪽의 번(蕃)이 되어 절대 두 마음을 품지 않을 것입니다"라고 하였다.

○ 52년(372) : 백제 근초고왕 27년

– 칠지도와 칠자경의 헌상

구저 등이 천웅장언을 따라 이르러 칠지도(七枝刀) 1구, 칠자경(七子

鏡) 1면과 각종 귀중한 보물을 바쳤다. 이어 아뢴 문서에 "신의 나라 서쪽에 하천이 있는데, 이는 곡나철산(谷那鐵山)에서 비롯됩니다. 그 곳은 멀어 7일을 가도 미치지 못합니다. 의당 이 물을 먹고 이 산의 철을 캐내어 영원토록 성스러운 조정을 받들겠습니다. 그리고 손자인 침류왕(枕流王)에게 일러 '지금 내가 통교하는 바다 동쪽의 귀국은 하늘이 인도해 주셨다. 이 때문에 천은(天恩)을 내려 바다 서쪽을 분할하여 나에게 주셨고, 국가의 기틀은 영원토록 확고해졌다. 너도 마땅히 우호를 잘 하여 토산물을 모으고 조공을 끊지 않는다면 비록 죽더라도 여한이 없을 것이다'라고 하였습니다"라 하였다. 이후 매년 계속 조공하였다.

○ 55년(375) : 백제 근구수왕 1년
— 백제 근초고왕의 죽음
백제 초고왕이 죽었다.

○ 56년(376) : 백제 근구수왕 2년
— 백제 근구수왕의 즉위
백제 왕자 귀수가 왕이 되었다.

○ 62년(382) : 백제 근구수왕 8년
— 사지비궤의 가라 정벌
신라가 조공하지 않았다. 이 해 습진언(襲津彦)을 보내 신라를 공격하였다.[『백제기』에 다음과 같이 이른다. "임오(壬午)년 신라가 귀국에 (공물을) 바치지 않았다. 귀국은 사지비궤를 보내 (신라를) 토벌하게 하였다. 신라인이 잘 꾸민 미녀 2사람을 보내 나루에 마중 나가 유혹하니 사지비궤가 그 미녀를 받아 도리어 가라국을 정벌하였다. (이에) 가라국왕 기본한기(己本旱岐)와 아들 백구지(百久至)·아수지(阿首至)·국사리(國沙利)·이라마주(伊羅麻酒)·이문지(爾汶至) 등이 그 백성들을 데리고 백제로 도망쳐왔고, 백제는 그들을 후하게 대우하였다. 가라국왕의 누이 기전지(旣殿至)가 대왜(大倭)를 향하여 아뢰길 "천황께서 사지비궤를 보내 신라를 토벌하게 하였으나 (사지비궤는) 신라 미녀를 받아 (천황의 명령을) 어기고 토벌하지 않았으며, 도리어 우리나라를 멸망시켜 형제와 백성들이 모두 유망(流亡)하고 침울하니 근심스런 생각을 억누를 수 없습니다. 때문에 와서 아룁니다"라고 하였다. 천황이 크게 노하여 목라근자를 보내 군사를 거느리고 가라에 모여 그 사직을 복구시켰다. 이민 책에는 다음과 같이 이른다. "사지비궤는 천황이 화가 났음을 알고 감히 공공연히 돌아오지 못하고 스스로 숨어 엎드렸다. 그 누이 중에 황궁에서 총애를 받은 사람이 있었는데, 비궤가 몰래 사인을 보내 천황의 화가 풀렸는지 여부를 물었다. 누이는 이에 꿈에 빗대어 '금일 밤 꿈속에서 사지비궤를 보았다'고 말하자 천황이 크게 노하여 '비궤가 어찌 감히 온단 말인가'라고 말하였다. 누이가 천황의 말을 보고하자 비궤는 (죄를) 면할 수 없음을 알고 돌로 만든 동굴에 들어가 죽었다."]

○ 64년(384) : 백제 침류왕 1년

- 근구수왕의 죽음과 침류왕의 즉위

백제국 귀수왕이 죽었다. 왕자 침류왕이 즉위하였다.

○ 65년(385) : 백제 진사왕 1년

- 침류왕의 죽음과 진사의 왕위 찬탈

백제 침류왕이 죽었다. 왕자 아화(阿花; 아신왕)가 나이가 적어 숙부인 진사(辰斯)가 왕위를 빼앗아 왕이 되었다.

2. 응신천황(應神天皇)

○ 3년(392) : 백제 아신왕 1년

- 진사왕의 죽음과 아화(신)왕의 즉위

이 해 백제 진사왕이 왕위에 있으면서 귀국의 천황에 예를 잃어버려 기각숙녜(紀角宿禰)·우전시벌숙녜(羽田矢伐宿禰)·석천숙녜(石川宿禰)·목토숙녜(木菟宿禰)를 보내 무례한 상황을 꾸짖었다. 이로 말미암아 백제국이 진사왕을 죽여 사죄하였다. 기각숙녜 등은 다시 아화를 세워 왕으로 삼고 돌아왔다.

○ 7년(396) : 백제 아신왕 5년

― 한인지의 축조

가을 9월 고구려인 · 백제인 · 임나인 · 신라인이 모두 와서 조공하였다. 이 때 무내숙녜에게 여러 한인들을 거느리고 못을 만들라고 하였다. 이로 인하여 못의 이름을 한인지(韓人池)라고 부른다.

오사카 협산지 박물관에 있는 저수지 관개 모형. 백제의 부엽공법이 사용되었다.

○ 8년(397) : 백제 아신왕 6년

― 백제 왕자 직지(전지)의 파견

봄 3월 백제인이 와서 조공하였다.[『백제기』에 다음과 같이 이른다. "아화왕이 왜와 있으면서 귀국에 무례하여 (왜가) 침미다례(枕彌多禮)와 현남(峴南) · 지침(支侵) · 곡나(谷那) 등 동한(東韓)의 땅을 빼앗았다. 이로써 왕자 직지(直支)를 천조(天朝)에 보내 선왕의 우호를 닦게 하였다.]

○ 14년(403) : 백제 아신왕 12년

― 진모진의 공납

봄 2월 백제왕이 옷을 바느질하는 여자를 바쳤다. 진모진(眞毛津)이라

하며, 지금의 내목의봉(來目衣縫)의 시조이다.

— 궁월군의 귀화

이 해 궁월군(弓月君)이 백제로부터 와서 귀화하였다. 이로 인하여 아뢰길 "신이 우리나라 120현(縣)의 인부를 이끌고 귀화하려 하였으나 신라인이 막아 모두 가라국에 머물러 있습니다"라고 하였다. 이에 갈성습진언(葛城襲津彦)을 보내 가라에서 궁월의 인부를 소환하려 하였으나 3년이 지나도 습진언은 오지 않았다.

○ 15년(404) : 백제 아신왕 13년

— 아직기의 파견

가을 8월 백제왕이 아직기(阿直伎)를 보내 좋은 말 2필을 바치니 경(輕)의 산비탈 부근 마구간에서 길렀다. 아직기가 사육을 담당하여 좋은 말을 기르는 곳을 구판(廐坂)이라 불렀다. 아직기는 또한 경전을 읽는데 능숙하여 태자 토도치랑자(菟道稚郞子)의 스승으로 삼았다. 이에 천황이 아직기에게 물어 "너를 능가할만한 박사가 있는가"하니 (아직기가) 대답하여 "왕인(王仁)이라는 사람이 있는데 우수합니다"라고 하였다. 이 때 상모야군(上毛野君)의 조상인 황전별과 무별(巫別)을 백제에 보내 왕인을 불러 들였다. 아직기는 아직기사((阿直伎史)의 시조이다.

『일본서기』 백제 관련 기사   67

○ 16년(405) : 백제 전지왕 1년

— 왕인의 도왜

봄 2월 왕인이 오자 태자 토도치랑자는 그를 스승으로 삼았다. 왕인에게서 여러 경전과 서적을 배웠는데, 통달하지 않은 것이 없었다. 왕인은 서수(書首) 등의 시조이다.

큐슈에 있는 왕인신사

— 백제 아신왕의 죽음과 전지왕의 즉위

이 해 백제 아화왕(아신왕)이 죽었다. 천황이 직지왕(전지왕)을 불러 일러 말하길 "그대는 나라로 돌아가 왕위를 잇도록 하시오"라고 하였다. 또한 동한(東韓)의 땅을 주어 보냈다.[동한이란 감라성(甘羅城)·고난성(高難城)·이림성(爾林城)이다.]

○ 25년(414) : 백제 전지왕 10년

— 백제 전지왕의 죽음과 구이신왕의 즉위, 목만치의 소환

백제 직지왕이 죽었다. 곧 그 아들인 구이신(久爾辛)이 왕위에 올랐다. 왕의 나이가 어려 목만치(木滿致)가 정권을 잡고, 왕의 어머니와 간음하여 무례한 행동이 많았다. 천황이 소문을 듣고 불렀다.[『백제기』에 다음과 같이 이른다. 목만치는 목라근자가 신라를 토벌할 때 그 나라의 여자를 취하여 낳았다. 아버지의 공 때문에 임나에서 전횡하고, 우리나

라로 들어 와서 귀국과 왕래하였다. 천조의 조칙을 계승하여 우리나라의 정권을 잡아 당시 권력이 막강하였다. 그러나 천조가 그 횡포를 듣고 소환하였다.]

○ 39년(428) : 백제 비유왕 2년
— 전지왕의 신제도원 파견

봄 2월 백제 직지왕이 그 누이 신제도원(新齊都媛)을 보내 (천황을) 섬기게 하였다. 신제도원은 7명의 여자를 거느리고 와서 귀화하였다.

3. 인덕천황(仁德天皇)

○ 41년조
— 백제의 강역 분할과 주군의 귀화

기각숙녜를 백제에 보내 처음으로 나라의 강역을 나누어 각 지역의 땅에서 나오는 것을 모두 기록하였다. 이 때 백제왕의 종족인 주군(酒君)이 무례하였다. 이에 기각숙녜가 백제왕을 질책하자 백제왕이 두려워하여 주군을 쇠사슬로 묶어 습진언에 딸려 보내 진상하였다. 이에 주군이 왔는데 석천금직수허려사(石川錦織首許呂斯)의 집에 도망하여 숨었다. 그리고 속여 말하길 "천황이 이미 신의 죄를 용서하였기 때문에 그대에게 의탁하여 생활하고 싶다"고 하였다. 오랜 후 천황이 드디어 그 죄를 용서하였다.

○ 43년조

– 주군의 매 사육

 의망(依網) 둔창(屯倉)의 아미고(阿弭古)가 기이한 새를 잡아 천황에 바치며 "신은 매번 그물을 쳐서 새를 잡았는데, 일찍이 이와 같은 종류의 새를 잡지 못했기 때문에 기이하여 바칩니다"라고 말하였다. 천황이 주군을 불러 새를 보여 주며 "이는 어떤 새인가"라고 물으니 주군이 대답하여 말하길 "이와 같은 종류의 새는 백제에 많이 있습니다. 길들이면 능히 사람을 따를 수 있고, 또한 빨리 날아 여러 새를 붙잡습니다. 백제의 풍속에 이 새를 구지(俱知)라고 부릅니다[이는 지금의 매이다]"라고 하였다. 이에 (새를) 주군에게 주어 길들이게 하였다. 얼마 되지 않아 길들일 수 있어 주군은 가죽으로 만든 낚싯줄을 그 발에 매고 작은 구슬을 그 꼬리에 붙여 팔뚝 위에 놓고 천황에 바쳤다. 이 날 백설조야(白舌鳥野)에 순행하여 사냥을 하였는데, 이 때 꿩이 많이 날아올랐다. 이에 매를 풀어 붙잡게 하니 잠깐 사이에 수십 마리의 꿩을 잡았다.

4. 웅략천황(雄略天皇)

○ 2년(458) : 백제 개로왕 4년

– 백제에서 바친 지진원의 죽음

 가을 7월 백제 지진원(池津媛)은 천황이 침전에 들려고 하는 것을 어기고 석천순(石川楯)과 정을 통하였다. 천황이 크게 화가 나 대반실옥

대련(大伴室屋大連)에 조칙을 내려 내목부(來目部)에게 두 남녀의 사지를 나무에 묶어 임시로 만든 시렁 위에 두고 불로 태워 죽이게 하였다. [『백제신찬(百濟新撰)』에 이르되 "기사(己巳)년 개로왕이 즉위하였다. 천황이 아레노궤(阿禮奴跪)를 보내와 여자를 물색하므로 백제에서 모니(慕尼) 부인의 딸 적계여랑(適稽女郎)을 꾸며 천황에 바쳤다"라고 하였다.]

○ 5년(461) : 백제 개로왕 7년
― 곤지의 왜 파견

여름 4월 백제 가수리군(加須利君)[개로왕(蓋鹵王)이다]은 지진원[적계여랑이다]을 태워 죽였다는 소문을 듣고 모여 상의하기를 "옛날 여자를 바쳐 채녀(采女)로 삼았다. 그러나 이미 무례하여 우리나라 명예를 실추시켰으니 지금부터 여자를 바치는 것은 합당하지 않다"라고 말하고, 이어 그 아우인 군군(軍君)[곤지(昆支)이다]에게 "너는 마땅히 일본에 가서 천황을 섬겨라"고 말했다. 군군이 대답하기를 "임금님의 명령은 삼가 어길 수 없습니다. 원컨대 임금님의 부인을 주신 이후에 가겠습니다"라고 하였다. 가수리군은 임신한 부인을 군군에게 시집보내며 "나의 임신한 부인은 이미 해산할 달이 되었으니 만약 가는 도중에 낳는다면 한 배에 실어서 다다른 곳이 어디인지 불문하고 속히 나라로 돌려보냈으면 한다"라고 말하였다. 드디어 작별 인사를 하고 삼가 조정에 파견되었다.

오사카에 있는 곤지를 모시는 비조호(飛鳥戸)신사. 곤지는 동성왕과 무령왕의 아버지로 왜에 파견되어 일본의 고대국가 확립에 많은 영향을 준 인물이다.

― 무령왕의 탄생

6월 임신한 부인이 과연 가수리군의 말처럼 축자(筑紫)의 각라도(各羅嶋)에서 아이를 낳았다. 이로 인하여 이 아이의 이름을 도군(嶋君)이라 하였다. 이에 군군은 도군을 배에 태워 나라로 돌려보내니 이가 무령왕이 되었다. 백제인은 이 섬을 주도(主嶋)라고 부르다.

― 곤지의 왜 수도 입성

가을 7월 군군이 수도로 들어 왔으니 이미 다섯 자식이 있었다.[『백제신찬』에 이르길 "신축(辛丑)년 개로왕이 아우 곤지군을 보내어 대왜(大

일본 축자(築紫)의 각라도(各羅島)에 있는 우물. 무령왕이 탄생한 후 첫 목욕을 했다고 전해진다.

(倭)로 가서 천왕을 모시고 형왕(兄王)의 우호를 닦게 하였다"라고 한다.]

○ 7년(463) : 백제 개로왕 9년
 — 임나 국사 길비상도신의 모반과 백제 기술자의 귀화

이 해 길비상도신전협(吉備上道臣田狹)이 궁전의 측근에서 (천황을) 모시고 있었는데, 친구에게 치원(稚媛)을 매우 자랑하며 다음과 같이 말하였다. (중간 생략) 천황은 귀를 기울여 멀리서 듣고서 마음 속으로 기뻐하였다. 곧 치원을 시중드는 여자로 삼으려고 생각하여 전협을 임나의 국사(國司)로 삼았다. 뒤이어 천황은 치원과 동침하였다. 전협은 치원에 장가 들어 형군(兄君)과 제군(弟君)을 낳았다. 전협은 임지에 있다가 천황이 자기 부인과 사랑을 나눈다는 소문을 듣고 구원을 청하러 신라에 들어가려고 생각하였다. 이 때 신라는 중국(일본을 지칭)을 섬기지 않았는데, 천황은 전협의 아들 제군과 길비해부직적미(吉備海部直赤尾)에게 조서를 내려 "너희들은 마땅히 가서 신라를 징벌하라"고 하였다. 이 때 서한재기(西漢才伎) 환인지리(歡因知利)가 옆에 있었는데, 나아가 아뢰길 "저보다 재주가 있는 자가 한국(韓國)에는 많이 있으니 불러 시키면 좋겠습니다"라고 하였다. 천황이 여러 신하들에게 조서를 내려 "그러면 마땅히 환인지리를 제군 등에 딸려 백제에 보내도록 하고, 아울러 칙서를 내려 솜씨가 빼어난 자를 바치게 하였다. 이에 제군이 명령을 받들어 무리를 이끌고 가 백제에 도달하였다. 그 나라로 들어가는데, 나라의 신이 노파로 변하여 홀연히 길에 나타났다. 제군이 나아가 거리가 얼마나 되는지를 물었다. 노파가 대답하여 말하기를 "다시 하루를 간 이후에 도달할 수 있을 것이다"라고 하였다. 제군은 스스로 길이 멀다고 생각하여 정벌을 하지 않고 돌아와 백제가 바친 금래재기(今來才伎)를 커다란 섬 안에 모아 두고 (항해에 필요한) 바람을 기다린다는 핑계를 대어 수 개월간 머물렀다. 임나 국사 전협은 제군이 정벌하지 않고 돌아감을 기뻐하여 가만히 사신을 백제에 보내 제군을 타이르며 "너의 목이 얼마나 단단하기에 나를 정벌하려 하는가. 소문에 천황이 나의 부인과 동침하여 마침내 아이를 낳았다 한다. 지금 화가 나에게 미칠까 두려우니 긴장하면서 기다려라. 내 아들아, 너는 백제에 걸터앉아서 사신이 일본과 통하지 못하게 하라. 나도 임나에 웅거하여 역시 일본과 통하지 못하게 하겠다"라고 하였다. 제군의 부인인 장원 (樟媛)은 국가에 대한 충정이 깊고 임금과 신하간의 의리를 중히 여겨, 그 충성은 밝은 해보다 빛나고 절개는 푸른 소나무보다 뛰어났다. 이 모반을 미워하여 몰래 그 남편을 죽여 은밀하게 집 안에 묻고 해부직적 미와 백제에서 바친 수말재기(手末才伎; 손 끝을 사용하는 기술자)를 이 끌고 큰 섬에 있었다. 천황은 제군이 죽었다는 말을 듣고 일응길사견반 고안진(日鷹吉士堅磐固安錢)을 보내 함께 명을 받게 하였다. 드디어 (이들을) 왜국 오려(吾礪)의 광진(廣津)에 안치시켰으나 병으로 죽은 자가 많았다. 이 때문에 천황은 대반대련옥실(大伴大連室屋)에게 조칙을 내려 동한직국(東漢直掬)에게 신한(新漢)의 도부(陶部) 고귀(高貴), 안부(鞍部) 견귀(堅貴), 화부(畫部) 인사라아(因斯羅我), 금부(錦部) 정안나금(定安那錦), 역어(譯語) 묘안나(卯安那) 등을 상도원(上桃原)·하도원(下桃原)·진신원(眞神原)의 3곳에 옮겨 살도록 시켰다.[어떤 책에는 "길비신 제군이 백제로부터 돌아와 한수인부(漢手人部)·의봉부(衣縫部)·육인부(宍人部)를 바쳤다"고 한다.]

○ 9년(465) : 백제 개로왕 11년

― 신라 정벌의 실패

3월 천황이 친히 신라를 정벌하려 하였다. 신이 천황에게 계시를 내려

'가지 말라'고 하니 천황은 이 때문에 가지 않았다. 이에 기소궁숙녜(紀小弓宿禰)·소아한자숙녜(蘇我韓子宿禰)·대반담련(大伴談連)·소록화숙녜(小鹿火宿禰) 등에게 조칙을 내려 "신라는 본래 서쪽 땅에 있으면서 대대로 신하라 칭하며 조정에 문안을 드리는 것이 어긋남이 없었고, 공물도 잘 바쳤다. (그러나) 짐이 천하를 다스리는데 몸을 대마도 밖에 두고 자취를 잡라(匝羅)의 표면에 숨긴 채 고구려의 조공을 막고 백제의 성을 병탄하였다. 하물며 다시 조정에 문안드리는 것을 이미 빠뜨렸고, 공물도 바치지 않음에 있어서야! (이하 생략: 대담담련·기강전래목련(紀岡前來目蓮)·진마려(津麻呂)의 전사, 기소궁숙녜의 병사 등으로 신라 정벌이 실패한 내용 수록)

― 왜 장수들의 불화

여름 5월 기대반숙녜(紀大磐宿禰)는 아버지가 이미 죽었다는 소식을 듣고 신라로 향하여 소록화숙녜(小鹿火宿禰)가 관장한 병마(兵馬)와 신관(船官) 및 여러 직은 반청들을 장악하고 위세를 부리며 명령을 마음대로 하였다. 이에 소록화숙녜는 대반숙녜를 매우 원망하여 한자숙녜에 거짓으로 "대반숙녜가 나에게 '내가 한자숙녜가 관장한 부서를 다시 장악할 날이 머지 않았다'라고 말하였으니 원컨대 굳게 지키십시오"라고 고하였다. 이 때문에 한자숙녜는 대반숙녜와 사이가 벌어졌다. 이에 백제왕은 일본의 여러 장수들이 작은 일로 사이가 벌어졌음을 듣고 사람을 시켜 한자숙녜에게 "나라의 경계를 살피고자 하니 왕림해주길 청합니다"라고 말하였다. 이에 한자숙녜 등이 말고삐를 나란히 쥐고

갔다. 하천에 이르러 대반숙녜가 하천에서 말에게 물을 먹였다. 이 때 한자숙녜가 뒤에서 대반숙녜의 말안장 뒷가리개를 쏘니 대반숙녜는 깜짝 놀라 뒤돌아 보면서 한자숙녜를 쏘아 (말에서) 떨어뜨려 흐르는 물에 빠뜨려 죽였다. 이 세 신하들이 서로 다투어, 길을 가는데 행군이 어지러워 백제 왕궁에 이르지 못하고 돌아왔다. (이하 생략)

○ 11년(467) : 백제 개로왕 13년
- 귀신의 귀화

가을 7월 백제국으로부터 도망쳐 온 자가 있었는데, 스스로 이름을 귀신(貴信)이라 하였다. 또한 귀신을 오(吳)나라 사람이리고도 한다. 반여(磐余)의 오나라 거문고를 연주하는 강수옥형마려(壃手屋形麻呂) 등이 그 후손이다.

○ 15년(471) : 백제 개로왕 17년
- 진 백성들의 분산과 통합

진(秦)의 백성들을 신(臣)·련(連) 등에 분산시켜 각각 원하는 것에 따라 부리게 하고 진조(秦造)에 맡기지 않았다. 이로 말미암아 진조 주(酒)가 매우 걱정하며 천황을 섬겼다. 이에 천황이 그를 총애하여 진의 백성을 불러 모아 진 주공에 주니 공은 180종의 승(勝)을 거느리고 부역과 특산물, 곱게 짠 명주를 바쳐 조정에 가득 쌓았다. 이로 인하여 성을 주어 우두마좌(禹豆麻佐)라 하였다.

○ 16년(472) : 백제 개로왕 18년

- 진 백성들의 분산

　가을 7월 조칙을 내려 뽕나무 심기에 마땅한 국현(國縣)에 뽕나무를 심게 하였다. 또한 진의 백성들을 분산시켜 옮기고 부역과 특산물을 바치게 하였다.

○ 20년(476) : 백제 개로왕 19년

- 백제 왕성의 함락

　겨울 고구려왕이 군사를 크게 일으켜 백제를 정벌하여 몰살시켰다. 이에 조금 남은 패잔병이 창고 아래 모여 있었는데, 군량미가 떨어지자 근심이 매우 깊어 울고 있었다. 이 때 고구려의 여러 장수들이 왕에게 말하길 "백제의 심성은 비상합니다. 신이 매번 볼 때마다 스스로 (나라를) 잃어버렸음을 깨닫지 못하고 다시 덩굴처럼 살아날까 두려우니 쫓아가 없앨 것을 청합니다"라고 하였다. 왕이 말하길 "불가하다. 과인이 듣건대 백제국은 일본국의 관가(官家)가 되었는데, 그 유래가 오래되었다 한다. 또한 그 왕이 들어가 천황을 섬긴 것은 사방의 이웃이 모두 인식하고 있다"라고 하며 드디어 그만두었다.[『백제기』에 다음과 같이 이른다. "개로왕 을묘(乙卯)년 겨울 고구려의 대군이 와서 대성(大城)을 칠일 밤낮 공격하였다. 왕성이 굴복하여 함락되니 드디어 위례를 잃고 국왕과 태후, 왕자 등이 모두 적의 손에 몰살당했다."]

○ 21년(477) : 백제 문주왕 3년

－왜의 백제 재건 구원

봄 3월 천황은 백제가 고구려에게 격파되었다는 것을 듣고 구마나리(久麻那利)를 문주왕에게 주어 그 나라를 구원하여 일으켜 주었다. 이때 사람들이 모두 "백제국은 비록 종족이 이미 망하여 창고 아래 모여 근심하였으나 실로 천황에 의지하여 다시 그 나라를 만들었다"라고 말하였다.[문주왕은 개로왕의 친아우이다. 『일본구기(日本舊記)』에 이르되 "구마나리를 말다왕(末多王)에게 주었다"라고 하나 아마도 이는 잘못된 것이다. 구마나리라는 것은 임나국 하다호리현(下哆呼唎縣)의 별읍(別邑)이다.]

○ 23년(479) : 백제 동성왕 1년

－삼근왕의 죽음과 동성왕 즉위에 대한 왜의 도움

여름 4월 백제 문근왕(文斤王; 삼근왕)이 죽었다. 천왕은 곤지왕의 다섯 아들 중 둘째인 말다왕이 어린 나이에 총명하므로 칙명으로 궁전에 불러 친히 머리를 어루만지며 은근하게 훈계하고 타일러 그 나라의 왕으로 삼았다. 이에 병기를 주고 아울러 축자국(筑紫國) 군사 500명을 호위하여 그 나라에 보냈는데, 이가 동성왕이 되었다.

－축자의 고구려 공격

이 해 백제에서 해마다 바치는 공물이 다른 때보다 더하였다. 축자의 안치신(安致臣)과 마사신(馬飼臣) 등이 수군을 거느리고 고구려를 공격하였다.

5. 현종천황(顯宗天皇)

○ 3년(487)년 : 백제 동성왕 9년

- 기생반숙녜의 반란과 백제의 제압

이 해 기생반숙녜(紀生磐宿禰)가 임나에 걸터앉아 고구려와 통교하고, 서쪽에서 삼한의 왕이 되려고 관부를 정비하며 스스로 신성(神聖)이라 칭하였다. 임나의 좌로(左魯)와 나기타갑배(那奇他甲背) 등의 계책을 이용하여 백제의 적막이해(適莫爾解)를 이림(爾林)[이림은 고구려 땅이다]에서 죽였다. 또한 대산성(帶山城)을 쌓아 동쪽 길을 막아 지켜 군량을 운반하는 나루를 차단하여 군대를 굶주리게 함으로써 괴롭혔다. 백제왕이 크게 노하여 영군(領軍) 고이해(古爾解)와 내두(內頭) 막고해(莫古解) 등을 보내 무리를 거느리고 나아가 대산성을 공격하게 하였다. 이에 기생반숙녜는 군대를 전진시켜 역공하였는데, 담력이 더욱 왕성하여 향하는 곳마다 모두 격파하니 일당백이었다. 얼마 후 군대의 힘이 다하니 일이 이루어지지 못함을 알고 스스로 임나로 돌아왔다. 이 때문에 백제국은 좌로와 나기타갑배 등 300명을 죽였다.

6. 무열천황(武烈天皇)

○ 3년(501) 11월 : 백제 무령왕 1년
− 백제 의다랑의 죽음
이 달 백제 의다랑(意多郎)이 죽자 고전(高田)의 언덕 부근에 장례를 치렀다.

○ 4년(502) : 백제 무령왕 2년
− 동성왕의 시해, 무령왕의 즉위와 탄생 설화
이 해 백제 말다왕이 무도하여 백성들에게 포학하였으므로 나라사람들이 마침내 제거하여 도왕(嶋王)을 세우니 이가 바로 무령왕이다.[『백제신찬』에 이르기를 말다왕이 무도(無道)하여 백성들에게 포학하였으므로 나라사람들이 함께 제거하여 무령왕을 세웠다. (무령왕은) 휘(諱)가 사마왕(斯麻王)이고 곤지 왕자의 아들이니 말다왕의 배다른 형이다. 곤지가 왜로 갈 때에 축자도(筑紫嶋)에 이르러 사마왕을 낳아 섬으로부터 되돌려 보냈는데 서울에 이르지 못하고 섬에서 낳았기 때문에 이와 같이 불렀다. 지금 각라(各羅)의 바다 가운데 주도(主嶋)가 있는데 왕이 태어난 섬인 까닭에 백제인들이 주도라 부른다. 지금 살펴보건대 도왕은 개로왕의 아들이고 말다왕은 곤지왕의 아들이라는데 이를 배다른 형이라고 말한 것은 상세하지 않다.]

○ 6년(504) : 백제 무령왕 4년

― 백제 마나군의 조공

백제국이 마나군(麻那君)을 보내 조공하였다. 천황은 백제가 해가 가도록 조공의 직무를 다하지 않는다고 생각하여 억류하고 풀어주지 않았다.

○ 7년(505)년 : 백제 무령왕 5년

― 사아군의 파견과 혈족의식

백제왕이 사아군(斯我君)을 보내어 조공을 하였다. 별도로 표를 올려 말하길 "전에 조공을 한 사신 마나는 백제 임금의 혈족이 아닙니다. 그러므로 삼가 사아를 보내어 조정을 받들어 섬깁니다"라 하였다. 드디어 아들이 있어 법사군(法師君)이라 하였는데, 이는 왜군(倭君)의 선조이다.

7. 계체천황(繼體天皇)

○ 2년(508) : 백제 무령왕 8년

― 탐라와 백제의 통교

남해에 있는 탐라인(耽羅人)이 처음으로 백제국과 통교하였다.

○ 4년(510) : 백제 무령왕 10년

- 임나의 백제인 호적 편입

  봄 2월 사신을 백제에 보내[『백제본기(百濟本記)』에는 "구라마치지미(久羅麻致支彌)가 일본에서 왔다"라고 하나 상세하지 않다] 임나의 일본 현읍(日本縣邑)에 있는 백제의 백성으로 도망하여 호적이 끊긴지 3~4세대가 지난 자를 찾아내어, 백제로 모두 옮기어 호적에 편입시켰다.

○ 6년(512) : 백제 무령왕 12년

- 축자의 말 하사

  여름 4월 수적신압산(穗積臣押山)을 백제에 사신으로 보내 축자국의 말 40필을 하사하였다.

- 백제의 임나 4현 요청과 할양

  겨울 12월 백제가 사신을 보내 조공하였다. 별도로 표를 올려 임나국의 상다리(上哆唎)·하다리(下哆唎)·사타(娑陀)·모루(牟婁) 4현을 청하였다. 다리의 국수(國守) 수적신압산이 아뢰길 "이 4현은 백제와 인접해 있고 일본과는 멀리 떨어져 있어서, (백제와는) 아침저녁으로 왕래하기 쉬워 닭과 개도 (어느 나라의 것인지) 구별하기 어렵습니다. 지금 백제에게 주어 통합하여 같은 나라로 만든다면 굳게 보존하는 계책으로서 이보다 나은 것이 없습니다. 비록 땅을 주어 나라를 합치더라도 후세에 위태로울 것인데, 하물며 경계를 달리 한다면 몇 년이나 지킬 수 있겠습니까"라고 하였다. 대반대련금촌(大伴大連金村)이 이 말을 모두 듣고 같은 계책을 아뢰었다. 이에 물부대련추록화(物部大連麁鹿火)를 조칙을 전하는 사신으로 삼았다. 물부대련이 백제의 사신에게 조칙을 전달하기 위해 난파(難波) 객사를 출발하려는데, 그의 아내가 굳게 잡으며 "무릇 주길대신(住吉大神)이 처음 해외에 있는 금은의 나라 고구려·백제·신라·임나 등을 태(胎) 안에 있는 응신천황에게 준다고 약속하였습니다. 때문에 신공황후가 대신 무내숙녜와 함께 나라마다 처음 관가를 설치하여 해외의 울타리로 삼아 그 유래가 오래되었고 또한 연유도 있습니다. 만약 잘라서 남에게 주면 본래의 구역이 어긋나게 되어 후세의 끊임없는 비난이 어찌 입에서만 그치겠습니까"라고 말하였다. 대련이 대답하여 "가르쳐 준 것은 이치에 맞으나 천황의 칙명을 거스를까 두렵소"라고 하였다. 그 아내가 간절하게 "병을 핑계대고 선포하지 마십시오"라고 말하자 대련이 이를 따랐다. 이리하여 사신을 바꾸어 칙명을 선포하였다. 물건을 하사하면서 칙서를 첨부하고 표문에 따라 임나의 4현을 주었다. 대형황자(大兄皇子)는 전에 어떤 일이 있어 나라를 주는 일에 관여하지 않다가 뒤에 조칙이 선포된 것을 알았다. 깜짝 놀라 후회하여 고치고자 명령을 내려 "응신천황 때부터 관가가 설치된 나라를 가벼이 복속한 나라(백제)의 요청에 따라 갑자기 줄 수 있는가"라고 하였다. 이어 일응길사(日鷹吉士)를 보내 (조칙을) 고쳐 백제의 사신에게 선포하였다. 사신이 대답하여 아뢰길 "아버지인 천황이 편의상 칙서를 내려 이미 끝난 일입니다. 아들인 황자가 어찌하여 천황의 칙서를 어기고 함부로 고쳐 명령할 수 있습니까. 반드시 이는 거짓일 것입니다. 만약 사실이라고 해도 지팡이의 머리가 큰 쪽을 잡고 때리는 것과 지팡이의 작은 머리 쪽을 잡고 때리는 것 중 어느 것이 아프겠습니까"라고 하며 물러났다. 이에 떠도는 소문에 의하면 "대반대련과 다리국수 수적신압산이 백제의 뇌물을 받았다"라고 한다.

○ 7년(513) : 백제 무령왕 13년

— 오경박사의 파견과 기문 할양 요청

여름 6월 백제가 저미문귀(姐彌文貴) 장군, 주리즉이(州利卽爾) 장군을 수적신압산[『백제본기』에는 왜의 의사이마기미(意斯移麻岐彌)라고 한다]에 딸려 보내 오경박사(五經博士) 단양이(段楊爾)를 바쳤다. 별도로 아뢰길 "반파국(伴跛國)이 신의 나라 기문(己汶)의 땅을 약탈하였으니 엎드려 바라건대 천은을 베풀어 본래의 속한 곳으로 돌려주십시오"라고 하였다.

— 백제 태자 순타의 죽음

가을 8월 백제 태자 순타(淳陀)가 죽었다.

— 기문과 대사의 백제 할양

겨울 11월 조정에 백제의 저미문귀 장군, 사라(斯羅; 신라)의 문득지(汶得至), 안라(安羅)의 신이해(辛已奚)와 분파위좌(賁巴委佐), 반파의 기전해(旣殿奚)와 죽문지(竹汶至) 등을 불러 놓고 은혜로운 칙명을 삼가 선포하여 기문과 대사(滯沙)를 백제국에 주었다.

환무천황의 어머니로 전해지고 있는 백제인 화신립(和新笠)의 묘. 대지산릉(大枝山陵)이라 하며, 화신립의 선조는 순타태자이다.

– 반파국의 기문 할양 취소 요청

이 달 반파국이 배를 보내 진귀한 보물을 바치고 기문의 땅을 애걸하였으나 끝내 주지 않았다.

○ 9년(515) : 백제 무령왕 15년

– 백제 사신 문귀장군의 귀환

봄 2월 백제의 사신인 문귀장군 등이 물러나기를 청하였다. 이에 칙명을 내려 물부련(物部連)[이름이 빠졌다]을 딸려 보내 돌아가게 하였

다.[『백제본기』에는 물부지지련(物部至至連)이라 이른다.]

○ 10년(516) : 백제 무령왕 16년
— 왜 사신 물부련의 환대

여름 5월 백제가 전부(前部) 목협불마갑배(木劦不麻甲背)를 보내 기문에서 물부련 등을 맞아 위로하고 인도하여 그 나라로 들어갔다. 신하들이 각자 의상·철제도끼·비단·베 등을 내어 나라 공물에 더하여 조정에 쌓아 놓고 은근하게 위문하였으며, 상과 녹(祿)이 매우 넉넉하였다.

— 백제의 감사 사절과 오경박사의 교대

가을 9월 백제가 주리즉차(州利卽次) 장군을 물부련에게 딸려 보내 기문의 땅을 준 것에 대하여 감사를 표했다. 별도로 오경박사 한고안무(漢高安茂)를 바쳐 박사 단양이와 교대할 것을 요청하였다. 요청에 의해 교대하였다.

— 백제·고구려의 사신 파견

무인(戊寅) 백제가 작막고(灼莫古) 장군과 일본의 사나노아비다(斯喇奴阿比多)를 보냈다. 고구려 사신 안정(安定) 등이 따라와 조공하고 우호를 맺었다.

○ 17년(523) : 백제 성왕 1년

− 무령왕의 죽음

여름 5월 백제왕 무령이 죽었다.

○ 18년(524) : 백제 성왕 2년

− 성왕의 즉위

봄 정월 백제의 태자 명(明)이 즉위하였다.

○ 23년(529) : 백제 성왕 7년

− 백제의 다사진 할양 요청

봄 3월 백제왕이 하다리 국수 수적압산신에게 말하길 "무릇 조공하는 사신은 항상 섬의 (해안과 맞닿는) 굴곡을 피하느라 매번 풍파에 시달리오. 이로 인하여 가지고 가는 것들이 젖어 모두 손상되고 색이 죽게 되오. 청컨대 가라의 다사진(多沙津)을 신이 조공하는 나루의 길로 삼았으면 하오"라고 하였다. 이에 압산신이 들은 대로 청을 아뢰었다.

− 다사진 할양과 가라의 원망

이 달 물부이세련부근(物部伊勢連父根)과 길사노(吉士老) 등을 보내 나루를 백제왕에게 주었다. 이에 가라왕이 칙사에게 일러 말하길 "이 나루는 관가를 설치한 이래 신이 조공하는 나루였소. 어찌하여 갑자기 바꾸어 이웃 나라에게 주다니 원래 봉해진 땅에 어긋나지 않소"라고 하였다. 칙사 부근(父根) 등은 이로 인하여 면전에서 주기가 어려워 큰 섬으로 물러났다. 따로 녹사(錄史)를 보내어 결국 부여(백제)에게 주었다. 이러한 연유로 가라는 신라와 한편이 되어 일본에 원한이 생겼다. (이하 생략: 신라와 가라가 혼인하였으나 옷 문제로 다투고 끝내 신라가 가라 지역을 공격한다는 내용 수록)

 ― 남가라 · 탁기탄 재건 권유

 이 달 근강모야신(近江毛野臣)을 안라에 사신으로 보내 칙서로 신라에 남가라(南加羅)와 탁기탄(啄己呑)을 다시 세우도록 권유하였다. 백제는 장군 군윤귀(君尹貴)와 마나갑배(麻那甲背), 마로(麻鹵) 등을 보내 안라에 가서 조칙을 듣게 하였다. 신라는 복속국의 관가를 깨뜨린 것이 두려워 내인을 보내지 않고 부지나마례(夫智奈麻禮)와 해나마례(奚奈麻禮) 등을 보내 안라에 가서 조칙을 듣도록 하였다. (이하 생략)

 ― 근강모야신의 백제와 신라의 화해 시도

 이 달(4월) 사신을 보내 기능말다간기(己能末多干岐)를 전송하였다. 아울러 임나에 있는 근강모야신에게 조서를 내려 "상주한 내용을 따져 물어 서로 의심하는 것을 화해시키라"고 하였다. 이에 모야신은 웅천(熊川)에 머물면서 신라와 백제 두 나라 왕을 소집하였다. 신라왕 좌리지(佐利遲)는 구지포례(久遲布禮)를 보냈고, 백제는 은솔(恩率) 미등리(彌騰利)를 보내 모야신이 있는 곳에 가서 모이게 하고 두 왕은 몸소 참석하지 않았다. (이하 생략 : 신라가 금관 등 4촌에 대해 노략질한 내용 수록)

○ 24년(530) : 백제 성왕 8년

― 구례모라성을 둘러싼 백제와 신라의 출병

가을 9월 임나의 사신이 다음과 같이 아뢰었다. "모야신이 구사모라(久斯牟羅)에 집을 짓고 2년 동안 머물면서 정사를 게을리 하였습니다. (중간 생략)" 이에 아리사등(阿利斯等)은 그가 작은 일만 일삼고 약속한 임무를 다하지 않음을 알고 자주 조정으로 돌아갈 것을 권하였으나 여전히 돌아가지 않았다. 이러한 이유로 행실을 모두 알아 배반할 마음이 생겨 구례사기모(久禮斯己母)를 신라에 사신으로 보내 군사를 요청하고, 노수구리(奴須久利)를 백제에 사신으로 보내 군사를 요청하였다. 모야신은 백제 군사가 온다는 것을 듣고 배평(背評)에서 맞아 토벌하였는데 사상자가 절반이었다. 백제는 노수구리를 붙잡아 칼을 씌우고 쇠사슬로 묶어 놓은 다음 신라와 더불어 성을 포위하고 아리사등을 책망하고 꾸짖으며 "모야신을 내놓아라"고 하였다. 모야신은 성에 의지하여 스스로 굳게 지켜 형세로 보아 잡을 수가 없었다. 이에 두 나라가 편한 곳을 도모하여 한 달을 머무르면서 성을 쌓고 돌아갔는데 (이를) 구례모라성(久禮牟羅城)이라 불렀다. 돌아갈 때 길에 인접한 등리지모라(騰利枳牟羅)·포나모라(布那牟羅)·모자지모라(牟雌枳牟羅)·아부라(阿夫羅)·구지파다지(久知波多枳) 5성을 쳐서 빼앗았다.

○ 25년(531) : 백제 성왕 9년

― 계체천황의 죽음과 그 시기에 대한 근거 자료

겨울 12월 (천황을) 남야릉(藍野陵)에 장사지냈다.[어떤 책에는 "천황이 28년 갑인(甲寅)년에 죽었다"고 하나 이에서 25년 신해(辛亥)년에 죽었다고 한 것은 『백제본기』를 취하여 글을 썼기 때문이다. 이 글에서는 "신해년 3월 군대가 나아가 안라에 이르러 걸탁성(乞乇城)을 쌓았다. 이 달 고구려가 그 왕 안(安)을 시해하였다. 또한 들건대 일본 천황과 태자, 황자가 모두 죽었다" 한다. 이 연유로 말하면 신해는 25년에 해당한다. 후에 감교(勘校)하는 자는 이것을 알라.]

8. 안한천황(安閑天皇)

○ 원년(534) : 백제 성왕 12년

― 백제의 조공

5월 백제가 하부 수덕(脩德) 적덕손(嫡德孫)과 상부 도덕(都德) 기주기루(己州己婁) 등을 보내와 통상적인 조공을 하고 별도의 표문을 올렸다.

9. 선화천황(宣化天皇)

○ 2년(537) : 백제 성왕 15년
- 신라의 임나 침략 구원

겨울 10월 천황은 신라가 임나를 침략하였으므로 대반금촌대련에게 조직을 내려 그 아들 반(磐)과 협수언(狹手彦)을 보내 임나를 돕게 하였다. 이 때 반은 축자에 머물면서 그 나라 정권을 잡고 삼한에 대비하였다. 협수언은 가서 임나를 진압하고 더하여 백제를 구원하였다.

10. 흠명천황(欽明天皇)

○ 즉위 전기
- 흠명천황의 즉위와 진대진부의 대장성 임명

흠명천황은 계체천황의 적자이다. 어머니는 수백향황후(手白香皇后)라 하는데 천황이 사랑하여 항상 근처에 두었다. 천황이 어릴 때 꿈에 어떤 사람이 이르되 "천황이 진대진부(秦大津父)라는 사람을 총애하면 커서 반드시 천하를 가지게 될 것입니다"라고 하였다. (이하 생략: 진대진부를 만나 즉위하자 대장성(大藏省)에 임명한다는 내용 수록)

송미대사(松尾大社). 701년 진도리(秦都理)가 창건한 진씨의 씨족 신사이다.

○ 원년(540) : 백제 성왕 18년

─ 백제인 기지부의 귀화

2월 백제 사람 기지부(己知部)가 귀화했다. 왜국 첨상군(添上郡) 산촌(山村)에 살게 하였으며, 지금 산촌기지부의 선조이다.

─ 고구려·백제·신라·임나의 조공

8월 고구려·백제·신라·임나가 모두 사신을 보내 (물건을) 바치고 조공의 의무를 다했다. 진인(秦人)·한인(漢人) 등 여러 번에서 귀화한 사람들을 불러 모아 국군(國郡)에 살게 하고, 호적에 편입시켰다. 진인의 호수는 총 7,053호였고, 대장연(大藏掾)을 진반조(秦伴造)로 삼았다.

○ 2년(541) : 백제 성왕 19년

― 성왕의 임나재건 회의 주도

여름 4월 안라의 차한기(次旱岐)인 이탄해(夷呑奚)·대불손(大不孫)·구취유리(久取柔利), 가라의 상수위(上首位)인 고전해(古殿奚), 졸마(卒麻)의 한기, 산반해(散半奚)의 한기 아들, 다라의 하한기(下旱岐)인 이타(夷他), 사이기(斯二岐)의 한기 아들, 자타(子他)의 한기 등이 임나일본부의 길비신(吉備臣)과 더불어 백제에 가서 함께 조칙을 들었다. 백제의 성명왕(聖明王; 성왕)이 임나의 한기 등에게 "일본의 천황이 조칙을 내리는 것은 오로지 임나를 다시 세우라는 것이오. 지금 어떤 계책을 사용하여 임나를 일으켜 세울 수 있겠소. 어찌 각자가 충성을 다하여 천황의 뜻을 받들어 펴지 않는가"라고 말하였다. 임나의 한기 등이 대답하여 "전에 두세 번 신라와 더불어 의논하려 하였으나 대답이 없었습니다. 의도하는 취지를 다시 신라에 알려도 여전히 대답이 없습니다. 지금 마땅히 모두 사신을 보내 천황에게 가서 아뢰야 합니다. 무릇 임나를 재건하는 것은 대왕의 뜻에 달려 있습니다. 삼가 교지를 받드는데 누가 감히 다른 말을 하겠습니까. 그러나 임나의 경계가 신라와 맞닿아 탁순 등과 같은 화를 부를까 두렵습니다"라고 말하였다. (이에) 성명왕이 말하길 "옛날 나의 선조 초고왕(근초고왕)과 구수왕(근구수왕) 때 안라·가라·탁순의 한기 등이 처음으로 사신을 보내 서로 통교하여 친교를 두터이 하고, 자제(子弟)의 (의제적) 관계를 맺어 항상 융성하기를 바랐소. 하지만 지금 신라에 속아 천황을 분노케 하고 임나에 한이 맺

히게 한 것은 과인의 잘못이오. 나는 깊이 뉘우쳐 하부 중좌평(中佐平) 마로(麻鹵), 성방(城方) 갑배매노(甲背昧奴) 등을 가라에 보내 임나일본부에 모여 서로 맹서하게 하였소. 뒤에도 계속 꺼림칙한 마음이 생겨 임나를 세우는 것을 아침저녁으로 잊지 않았소. 지금 천황이 조서를 내려 빨리 임나를 재건하라 하였으므로 그대들과 같이 계획하여 임나 등의 나라를 세우고자 하니 마땅히 잘 생각해야 하오. 또한 임나의 경계에 신라를 불러들여 (천황의 조칙을) 들어줄 것인가 여부를 묻겠소. 이어 함께 사신을 보내어 천황께 아뢰고 삼가 가르침을 받들고자 하오. 혹시 사신이 돌아오지 않았을 때 신라가 틈을 노려 임나를 쳐들어온다면 나는 당연히 가서 구원해줄 것이니 걱정하지 마시오. 그러나 잘 지켜야 되고 경계해야 함을 잊어서는 안되오. 또한 그대들은 탁순 등과 같은 화를 부를까 두렵다고 하나 신라 혼자 강하다고 해서 되는 것은 아니오. 탁기탄은 가라와 신라의 경계 사이에 있으면서 매년 공격을 받아 패하였는데, 임나도 구원할 능력이 없었기 때문에 망하였소. 남가라는 작고 협소하여 갑자기 대비하지 못하고 의지할 곳을 알지 못하였기 때문에 망하였소. 탁순은 상하가 다른 마음을 가져 임금이 스스로 종속되고자 하여 신라에 내응하였기 때문에 망하였소. 이를 보건대 삼국의 패망은 진실로 까닭이 있는 것이오. 옛날 신라가 고구려에 구원을 요청하여 임나와 백제를 공격하였는데도 오히려 이기지 못하였는데, 신라가 어찌 홀로 임나를 멸망시킬 수 있겠는가. 지금 과인이 그대들과 더불어 힘을 합하고 마음을 함께 하여 천황께 의지하면 임나는 반드시 재기할 것이오"라고 하였다. 그리고 각자 물건을 차등 있게 주니 흡족해 하며 돌아갔다.

― 성왕의 임나 및 일본부에 대한 충고와 질책

가을 7월 백제는 안라일본부가 신라와 계략을 꾸민다는 것을 듣고 전부 나솔 비리막고(鼻利莫古)와 나솔 선문(宣文), 중부 나솔 목례미순(木刕眯淳), 기신(紀臣) 나솔 미마사(彌麻沙)[기신 나솔은 대개 기신이 한(韓) 부인에게 장가들어 낳았기 때문에 백제에 머물러 나솔이 된 자로 생각된다. 그 아버지는 잘 알 수 없고 다른 이도 모두 이와 비슷하다] 등을 안라에 사신으로 보내, 신라에 이른 임나의 집사를 불러 임나를 재건하려 하였다. 별도로 안라일본부의 하내직(河內直)이 신라와 계략을 꾸민 것을 심하게 질책하였다.[『백제본기』에 "가부지비직(加不至費直)·아현이나사(阿賢利那斯)·좌로마도(佐魯麻都) 등"이라고 하였으나 잘 알 수 없다.] 이에 임나에 일러 다음과 같이 말하였다. "옛날 나의 선조인 속고왕(速古王; 근초고왕)과 근수왕(근구수왕)이 네신 한기 등과 더불어 처음으로 화친을 약속하고 형제가 되었소. 이에 우리는 그대들을 자제로 삼고, 그대들은 우리를 부형으로 삼아 같이 천황을 섬기고 함께 강적을 막아내어 나라와 집을 안전하게 하여 지금에 이르렀소. 선조가 예전 한기와 더불어 화친한 말을 생각하면 햇살이 밝게 비추는 것과 같소. 그 이후로 부지런히 이웃과 우호를 맺어 드디어 동맹국과 (관계를) 돈독히 하여 은혜가 골육보다 더하였소. 시작을 잘하면 끝도 좋다는 것은 과인이 항상 바라던 것이오. (그런데) 확실하지는 않으나 무슨 까닭으로 가벼이 떠도는 말을 믿어 몇 년 사이에 유감스럽게도 뜻을 잃게 되었는가! 옛 사람이 '나중에 후회해도 소용이 없다'라고 말한 것은 바로 이를 말한 것이오. 위로는 하늘에 다다르고 아래로는 지하수맥까지 미치도록 지금 신에게 맹세하니 옛날의 허물을 고치고 하나도 숨김없이 행한 것을 드러내어 정성으로 신령에게 통하게 하여 깊이 자신을 반성하는 것 또한 마땅히 취할 바이오(이하 요약)."

① 임나에 대한 충고: 신라에게 빼앗긴 남가라와 탁기탄 등을 다시 찾아 백제에 속하게 하여 임나에 옮긴다. 이들과 영원히 부형(父兄)의 관계를 맺어 항상 일본에 조공하려 하니 그대들이 천황의 칙명을 받으면 임나를 재건할 수 있다.

② 임나일본부에 대한 충고: 신라의 감언이설에 속지 말고 천황의 명에 충실하여 기회를 엿보아 군사를 일으켜 임나를 신라에게서 빼앗자.

― 백제 사신의 방문

가을 7월 백제가 기신 나솔 미마사와 중부 나솔 기련(己連) 등을 보내와서 하한(下韓)과 임나의 정세를 아뢰고 아울러 표문을 올렸다.

○ 4년(543) : 백제 성왕 21년

― 백제 사신의 귀환

여름 4월 백제의 기신 나솔 미마사 등이 돌아갔다.

― 백제 성왕의 조공

가을 9월 백제 성명왕이 전부 나솔 진모귀문(眞牟貴文), 호덕(護德) 기주기루와 더불어 물부(物部) 시덕(施德) 마기모(麻奇牟) 등을 보내와서 부남(扶南; 메콩강 하류 크메르족이 세운 나라)의 재물과 함께 노비 2구를 바쳤다.

― 임나의 재건, 백제의 군령과 성주 일본부에 귀속 요청

겨울 11월 백제에 진수련(津守連)을 보내 "임나의 하한(下韓)에 있는 백제의 군령(郡令)과 성주(城主)를 일본부에 귀속시켜야 한다"라는 조칙을 내렸다. 아울러 조서를 가지고 선포하며 말하기를 "(중간 생략) 그대는 모름지기 빨리 (임나를) 세워야 하오. 그대들이 만약 빨리 임나를 재건한다면 하내직 등은 스스로 물러날 것이니 어찌 말할 필요가 있겠는가"라고 하였다. 이 날 성명왕은 조칙 듣는 것을 마치자 3좌평과 내두(內頭) 및 여러 신하들에게 "조칙이 이와 같은데 또한 어찌 해야 하겠소"라고 말하였다. 3좌평 등이 대답하여 말하길 "하한에 있는 우리 군령과 성주는 내보낼 수 없습니다. (임나)나라를 세우는 일은 빨리 조칙을 따르는 것이 마땅합니다"라고 하였다.

― 임나 재건을 위한 백제의 군신회의

12월 백제 성명왕이 다시 전의 조서를 널리 여러 신하들에게 보여주면서 "천황의 조칙이 이와 같은데 어찌 해야 하겠는가"라고 말하였다. 상좌평 사택기루(沙宅己婁), 중좌평 목례마나, 하좌평 목윤귀(木尹貴), 덕솔 비리막고, 덕솔 동성도천(東城道天), 덕솔 목례미순, 덕솔 국수다(國雖多), 나솔 연비선나(燕比善那) 등이 같이 의논하며 말하길 "신 등은 품성이 우매하여 모두 지략이 없습니다. 조서로 임나를 재건하라 하셨

으니 빨리 칙명을 받들어야 합니다. 지금 마땅히 임나의 집사와 각 나라의 한기 등을 불러 함께 계책을 도모하여 표를 올려 뜻을 말해야 합니다. 또한 하내직과 이나사(移那斯)·마도(麻都) 등이 아직 안라에 거주하여 아마 임나는 세우기 어려울 듯합니다. 따라서 다시 표를 올려 (이들을) 본거지로 옮겨 달라고 빌어야 합니다"라고 하였다. 성명왕은 "여러 신하들이 의논한 것은 심히 과인의 마음과 맞는다"라고 말하였다.

― 백제의 임나재건 회의 요청과 임나와 일본부 집사의 불참

이 달 (백제가) 시덕 고분(高分)을 보내 임나의 집사와 일본부의 집사를 불렀다. 모두 대답하여 말하길 "정월 초하루가 지난 다음에 가서 듣겠다"라고 하였다.

○ 5년(544) : 백제 성왕 22년

봄 정월 백제국이 사신을 보내 임나의 집사와 일본부의 집사를 불렀다. 모두 대답하여 말하길 "신에게 제사를 지낼 때가 되어 제사를 마친 후 가겠습니다"라고 말하였다.

이 달 백제가 다시 사신을 보내 임나의 집사와 일본부의 집사를 불렀으나 일본부와 임나 모두 집사를 보내지 않고 미천한 자를 보냈다. 이 때문에 백제는 함께 임나국을 세운다는 모의를 할 수 없었다.

― 임나 재건을 둘러싼 백제 성왕의 입장과 일본부와 임나 한기의 대답

2월 백제가 시독 마무(馬母), 시덕 고분옥(高分屋), 시덕 사나노차주

(斯那奴次酒) 등을 임나에 사신으로 보냈다. (이하 요약)

① 일본부와 임나의 한기 등에게 전한 말: 내가 기신 등의 사신을 보내자 미마사 등이 일본에서 조서를 가지고 와 일본부와 함께 천황의 뜻에 부응하라고 하였다. 진수련[『백제본기』에는 진수련기마노궤(津守連己麻奴跪)라 하였으나 방언이므로 정확하지 않아 잘 알 수 없다]도 일본에서 와 임나의 정사를 물어 세 번이나 사신을 보냈으나 의논하지 못하고 있다. 이 일에 협조하지 않으면 천황에게 사자를 보내어 그대들을 문책할 것이니 내가 보내는 사신과 함께 천황의 조서를 들어라.

② 하내직에게 전한 말: 하내직[『백제본기』에는 하내직과 이나사, 마도로 되어 있으나 방언이므로 정확한 것을 잘 알 수 없다]에게 그대의 선조[『백제본기』에는 "그대의 선조 나간타갑배(那干陀甲背), 가렵직기갑배(加獵直岐甲背)라 말하고 또한 나기타갑배(那奇陀甲背), 응기기미(鷹奇岐彌)"라고 말하나 방언이므로 잘 알 수 없다]들이 거짓되이 말하고 위가가군(爲哥可君)[『백제본기』에는 위가기미(爲哥岐彌)이고 이름을 유비기(有非岐)라고 하였다]이 그 말을 믿어 쫓겨났다. 그대들의 악행으로 임나가 패망할 것이니 그대들을 본래 있던 곳으로 돌려보내도록 요청할 것이니 조서를 들어라.

③ 일본부의 경과 임나의 한기 등에게 전한 말: 천황에게 군사를 청하여 임나국을 도우려 하나 여러 차례 불러도 오지 않아 임나국을 세우는 일을 의논할 수 없다.

④ 일본부의 대답: 임나의 집사가 가지 않은 것은 우리가 보내지 않았

기 때문이다. 천황의 조칙에는 일본부의 신(臣)과 임나의 집사는 신라에 가서 천황의 조칙을 들으라 하였고, 진수련 또한 백제에 온 것도 하한에 있는 백제의 군령과 성주를 내보내려는 것이라고 하였다. 백제에 가서 천황의 칙언을 들으라는 말이 없어서 가지 않은 것이며, 임나의 뜻이 아니다.

⑤ 임나 한기들의 반응: 일본부의 경이 보내지 않아 갈 수 없었으나 대왕이 임나를 세우려고 한 것은 매우 기쁘다.

— 백제의 임나 재건에 대한 입장

3월 백제가 나솔 아탁득문(阿乇得文), 허세(許勢)의 나솔 기마(奇麻), 물부(物部)의 나솔 기비(奇非) 등을 보내 표문을 올려 다음과 같이 말하였다. (이하 요약)

천황이 조서를 내려 임나를 세우라 하였으나 아현이나사와 좌로마도 때문에 임나가 따르지 않는다. 무릇 임나는 안라를 형으로 삼아 오직 그의 뜻만을 따르고, 안라 사람은 일본부를 하늘로 삼아 오직 그의 뜻만을 따르는데[『백제본기』에는 "안라를 아버지로 삼고, 일본부를 근본으로 삼는다"고 이른다], 이제 적신·길비신·하내직 등은 모두 이나사와 마도의 지휘에 따르니 이 두 사람을 본래 있었던 곳으로 돌려보내고 일본부와 임나에게 조칙을 내려 임나를 건설하도록 요청.

또한 좌로마도는 한(韓) 계열로 지위가 대련(大連)에 이르러 일본 집사이지만 신라 나솔의 관을 쓰고 있다. 이들이 신라에 마음을 두어 신라의 옷을 입고 왕래하면서 간악한 마음을 가지고 있으니 임나가 영원히 멸망할까 두렵다. 임나가 멸망한다면 백제가 고립되어 위태로우니 천황께서 이러한 상황을 깊이 살피어 속히 이들을 본래 있었던 곳으로 옮겨 임나를 안정시켜달라고 요청.

― 백제 사신의 귀환

겨울 10월 백제의 사신인 나솔 득문과 나솔 기마 등이 일을 마치고 돌아갔다.[『백제본기』에는 "나솔 득문과 나솔 기마 등이 일본으로부터 돌아와 하내직·이나사·마도 등의 일을 아뢰었으나 조칙이 없었다"라고 이른다.]

― 백제의 임나 재건에 대한 세 가지 계책

11월 백제가 사신을 보내 일본부의 신(臣)과 임나의 집사를 불러 "천황에게 조공 사절로 보낸 나솔 득문과 허세의 나솔 기마, 물부의 나솔 기비 등이 일본으로부터 돌아왔소. 이제 일본부의 신과 임나국 집사는 마땅히 와서 조칙을 함께 들어 임나 문제를 논의해야 할 것이오"라고 말하였다. 이에 일본의 길비신, 안라의 하한기 대불손과 구취유리, 가라의 상수위(上首位) 고전혜·졸마군(卒麻君)·사이기군(斯二岐君)·산반해군(散半奚君)의 아들, 다라(多羅)의 이수위(二首位) 흘건지(訖乾智), 자타(子他)의 한기, 구차(久嗟)의 한기가 백제에 이르렀다. 백제왕 성명이 조서를 보이며 "내가 나솔 미마좌, 나솔 기련, 나솔 용기다 등을 보내 일본에 조공하였는데, 빨리 임나를 재건하라는 조칙을 내렸소. 또한 진수련도 조칙으로 임나 일을 다 하였는가 물으므로 그대들을 불렀으니 어떻게 해야 임나를 재건할 수 있을까 각각 생각한 것을 말해주길 바라오"라고 하였다. 길비신과 임나의 한기 등이 말하길 "무릇 임나를 재건하는 일은 오직 대왕에게 달려 있으니 왕을 따라 조칙을 듣고자 합니다"라고 하였다. 성명왕이 그들에게 일러 "임나는 예로부터 우리 백제와 더불어 자제(子弟)의 관계를 맺었소. 지금 일본부 인기미(印岐彌)[임나에 있는 일본 신의 이름을 말한다]가 이미 신라를 토벌하고 다시 우리를 정벌하려고 하며, 또한 신라의 공허한 거짓말을 즐겨 듣고 있소. 무릇 인기미를 임나에 보낸 것은 본래 그 나라를 침략하여 해를 끼치게 하려는 것이 아니었소. 옛날부터 지금까지 신라는 무도하여 말을 지키지 않고 신뢰를 저버려 탁순을 멸망시켰소. 팔다리와 같은 (밀접한) 사이인데 (신의를 저버렸으니) 속히 후회하게 만들고자 하오. 그러므로 사신을 보내어 이곳에 이르게 하였으니 모두 은혜로운 조칙을 받들어 임나를 일으켜 (명맥을) 잇도록 하여 옛날과 같이 영원히 형제가 되기를 바라오. 가만히 듣건대 신라와 안라 두 나라의 경계에는 큰 강물이 있어 천혜의 요충지요. 나는 이곳을 차지하여 6성을 수리하려고 천황에게 병사 3,000을 요청하고자 하오. 각 성에 500을 충원하고 우리 병사와 함께 (신라인들이) 농사를 짓지 못하게 괴롭히면 구례산(久禮山)의 5성이 모두 스스로 무기를 던지고 항복하게 될 것이며, 탁순국 또한 다시 부흥하게 될 것이오. 요청한 병사는 내가 의복과 식량을 제공할 것이니, (이것이) 천황에게 아뢰는 첫 번째 계책이오. 또한 남한(南韓)에 군령(郡令)과 성주를 두는 것이 어찌 천황의 뜻에 어긋나 조공의 길을 막고자 함인가. 다만 무수한 어려움을 극복하고서 강적을 물리치는 것만 바랄 뿐이오. 그 흉악한 무리(신라)는 누구와도 손잡으려고 하지 않겠는가. 북쪽에 있는 적(고구려)은 강대하고 우리나라는 미약하니 만약 남한에 군령과 성주를 두어 방어에 힘쓰지 않는다면 강적을 막기가 어렵고, 신라 또한 제어할 수 없소. 그러므로 오히려 이들이 있다면 신라를 핍박하고 임나를 위무하여 줄 것이오. 만약 그렇지 아니하면 아마 (임나는) 멸망해 조공을 하지 못할 것이오. (이것이) 천황에게 아뢰는 두 번째 계책이오. 또한 길비신·하내직·이나사·마도가 여전히 임나에 있기 때문에 천황이 비록 임나를 재건하라는 조칙을 내렸으나 이루지 못하였소. 청컨대 이 4명을 옮겨 각기 본래의 읍으로 돌려보내는 것이 천황에게 아뢰는 세 번째 계책이오. 마땅히 일본의 신, 임나의 한기 등과 더불어 사신을 보내 천황에게 아뢰어 은혜로운 조칙을 듣기를 간청하오"라고 말했다. 이에 길비신과 한기 등이 "대왕이 말한 3가지 계책은 또한 우리의 실정과 합치됩니다. 지금 돌아가 일본 대신, 안라왕, 가라왕에게 공손히 여쭈어 함께 사신을 보내 천황에게 간이 아뢰고자 합니다"라고 하였다.

○ 6년(545) : 백제 성왕 23년
— 왜 사신의 백제 파견
봄 3월 선신(膳臣; 음식을 관장하는 선부의 책임자) 파제편(巴提便)을 백제에 사신으로 보냈다.

— 백제 사신의 파견

여름 5월 백제가 나솔 기릉(其㥄), 나솔 용기다, 시덕 차주 등을 보내 표문을 올렸다.

— 백제 사신의 임나 파견과 재물 하사

가을 9월 백제가 중부 호덕[護德; 고덕(固德)] 보리(菩提) 등을 임나에 사신으로 보내 중국의 재물을 일본부의 신 및 여러 한기에게 각기 차등 있게 주었다.

— 백제의 장육불상 조성과 발원문

이 달 백제가 장육불상(丈六佛像)을 만들어 발원문을 지었는데, "장육불을 만들면 공덕이 매우 크다고 합니다. 이 공덕으로 천황께서 매우 좋은 덕을 얻으시고, 천황께서 다스리는 미이거국(彌移居國; 백제와 임나 제국을 칭함)이 모두 복 받기를 기원합니다. 또한 하늘 아래 모든 중생들이 모두 해탈하기를 바라며 이를 만듭니다"라고 하였다.

— 일본 사신의 귀환과 무용담

겨울 11월 선신 파제편이 백제로부터 돌아와 다음과 같이 말하였다. (이하 요약)

백제에 사신으로 파견되어 처자와 함께 바닷가에 머물렀으나 아이가 사라졌다. 이에 아이를 죽인 호랑이를 찾아 죽이고 가죽을 벗겨 돌아옴.

— 고구려의 내란과 안원왕의 죽음

이 해 고구려에서 큰 난리가 일어나 죽은 자가 많았다.[『백제본기』에는 "12월 갑오(甲午) 고구려의 세군(細群)과 추군(麤群)이 궁문에서 북을 치면서 싸웠다. 세군이 패하여 군사를 해산한 지 3일이 안되어 세군의 자손들을 모두 잡아 죽였다. 무술(戊戌)에 박국(狛國; 고구려)의 향강상왕(香岡上王; 안원왕)이 죽었다"라고 이른다.]

○ 7년(546) : 백제 성왕 24년
 － 백제 사신의 귀환, 말과 배의 하사
 봄 정월 백제의 사신 중부 나솔 기련 등이 임무를 마치고 돌아갔다. 이에 좋은 말 70필과 배 10척을 하사하였다.
 － 백제 사신의 조공
 여름 6월 백제가 중부 나솔 약엽례(掠葉禮) 등을 보내 조(調)를 바쳤다.
 － 고구려의 내란
 이 해 고구려에서 큰 난리가 나 싸워 죽은 자가 2,000여 명이었다.[『백제본기』에는 "고구려가 정월 병오(丙午)에 중부인(中夫人)의 아들을 왕으로 삼았는데, 나이가 8살이었다. 박왕(고구려왕)에게는 세 명의 부인이 있었는데, 정부인은 아들이 없었다. 중부인이 세자를 낳았는데 그의 외할아버지는 추군이었다. 소부인도 아들을 낳았는데, 외할아버지는 세군이었다. 고구려왕의 병이 심해지자 세군과 추군은 각기 그 부인의 자식을 세우고자 한 까닭에 세군 측의 죽은 자가 2,000여 명이었다"라고 이른다.]

○ 8년(547) : 백제 성왕 25년

― 백제 사신의 구원병 요청

여름 4월 백제가 전부 덕솔 진모선문, 나솔 기마 등을 보내 구원병을 요청하였다. 그리고 하부 동성자언(東城子言)을 천거하여 덕솔 문휴마나(汶休麻那)와 교대하였다.

○ 9년(548) : 백제 성왕 26년

― 백제 사신의 귀환 요청

봄 정월 백제의 사신 전부 덕솔 진모선문 등이 돌아가기를 청하였다. 이에 조칙을 내려 "요청한 구원병은 반드시 보낼 것이니 빨리 가서 왕에게 보고하라"고 하였다.

― 백제와 안라·일본부와의 오해

여름 4월 백제가 중부 간솔[杆率; 한솔(扞率)] 약엽례 등을 보내 아뢰길 "덕솔 선문 등이 조칙을 받아 신의 나라에 이르러 '요청한 구원병은 때에 맞추어 보내주겠다'라고 하니 은혜로운 조칙을 받아 한없이 기뻐했습니다. 그러나 마진성(馬津城) 전투[정월 신축(辛丑)에 고구려가 무리를 이끌고 마진성을 포위하였다]에서 포로가 말하길 '안라국과 일본부가 (고구려를) 불러 벌주기를 권했기 때문이다'라고 하였습니다. 이 일은 상황에 비추어 볼 때 상당히 그럴 듯합니다. (이하 요약)

백제가 상황을 파악한 후에 구원병을 보냈으면 하는 요청을 하자, 천황이 조칙을 내려 일본부와 안라가 그러하였다는 것은 믿을 수 없으며,

고구려를 막아내기 위하여 모두 힘쓰라는 말과 함께 약간의 사람을 보내니 안라가 도망간 빈 곳을 채우도록 함.

— 왜 사신의 백제 파견

6월 사신을 백제에 보내 조칙을 내리길 "덕솔 선문이 돌아간 이후 잘 지내오. 소식은 어떠하오. 짐이 듣건대 그대 나라가 고구려의 침입을 받았다는데, 마땅히 임나와 함께 힘을 다해 전과 같이 막아 지키시오"라고 하였다.

— 백제 사신의 귀환

윤 7월 백제 사신 약엽례 등이 일을 마치고 돌아갔다.

— 백제의 축성에 대한 왜의 도움

겨울 10월 백제에 370명을 보내 득이신(得爾辛)에 성을 쌓는 것을 도왔다.

○ 10년(549) : 백제 성왕 27년

— 왜의 왜계 인물 통제 약속

여름 6월 (백제의) 장덕(將德) 구귀(久貴), 고덕 마차문(馬次文) 등이 일을 마치고 돌아가기를 청하였다. 이에 조칙을 내려 "연나사(延那斯)와 마도가 몰래 사사로이 고구려에 사신을 보낸 것은 짐이 잘잘못을 물을 것이며, 요청한 군사는 원하는 대로 중지하겠다"라고 하였다.

○ 11년(550) : 백제 성왕 28년

– 왜의 마무 요청과 화살 하사

봄 2월 사신을 백제에 보내 조칙을 내려[『백제본기』에는 "3월 12일 신유(辛酉)에 일본 사신 아비다(阿比多)가 3척의 배를 이끌고 도읍 아래에 이르렀다"라고 이른다] "짐이 시덕 구귀, 고덕 마진문 등이 올린 표문의 뜻에 따라 일일이 교시하여 (이 일을) 마치 손바닥 들여다보듯이 하였고, 사정을 더 파악하고자 하니 품은 바를 말해주었으면 하오. 대시두(大市頭)가 돌아온 후로도 평소와 다름이 없지만 지금 다만 보고한 말을 살피고자 하여 사신을 보내오. 또한 짐이 듣건대 나솔 마무(馬武)는 왕의 심복으로 위로부터 명을 받아 아래로 전하는데 왕의 마음을 매우 흡족하게 하여 왕을 보좌하고 있다 하오. 만약 국가가 무사하고 오랫동안 관가(官家)가 되어 영원히 천황을 받들려면 마땅히 마무를 대사로 삼아 조공을 해야 하오"라고 하였다. 다시 조칙을 내려 "짐이 듣건대 북쪽의 적이 강하고 사나워 화살 30구를 하사하니 한 곳을 막을 수 있을 것이오"라고 하였다.

– 왜 사신의 귀환과 노예 바침

여름 4월 경진(庚辰) 백제에 있는 일본왕의 사람이 돌아가려 하였다.[『백제본기』에 "4월·1일 경진 일본 아비다가 돌아갔다"라고 이른다.] 백제왕 성명이 왕의 사람에게 "임나의 일은 조칙을 받들어 굳게 지키었소. 연나사(延那斯)와 마도의 일은 오직 조칙에 따르고자 하오. 이어 고구려 노예 6구와 별도로 왕의 사람에게 노예 1구를 주었다.[모두

이림(爾林)을 공격하여 사로잡은 노예이다.]

― 백제 사신의 고구려 포로 바침

을미(乙未) 백제가 중부 나솔 피구근(皮久斤), 하부 시덕 작간나(灼干那) 등을 보내 고구려의 포로 10구를 바쳤다.

○ 12년(551) : 백제 성왕 29년

― 백제에 보리 씨앗 하사

봄 3월 보리 씨앗 1,000곡(斛)을 백제왕에게 하사하였다.

― 백제 성왕의 고구려 공격과 한성 회복

이 해 백제 성명왕이 몸소 군중과 두 나라 병사[두 나라는 신라와 임나를 말한다]를 이끌고 고구려를 정벌하여 한성의 땅을 빼앗았다. 또한 진군하여 평양을 토벌하였다. 무릇 6군의 땅이니, 드디어 옛 지역을 회복하였다.

○ 13년(552) : 백제 성왕 30년

― 백제 · 가라 · 안라의 사신 파견과 고구려 · 신라의 접근 시도

5월 백제 · 가라 · 안라가 중부 덕솔 목례금돈(木刕今敦), 하내부(河內部 ; 일본의 부 명칭) 아사비다(阿斯比多) 등을 보내 아뢰길 "고구려가 신라와 더불어 화친하고 힘을 합하여 신의 나라와 임나를 멸망시키려고 합니다. 따라서 삼가 구원병을 청해 먼저 불시에 공격하고자 합니다. 군사의 많고 적음은 천황의 조칙에 따르겠습니다"라고 하였다. 조

칙을 내려 "지금 백제왕·안라왕·가라왕이 일본부의 신 등과 함께 사신을 보내 아뢴 상황은 다 들었다. 역시 임나와 함께 마음을 합쳐 힘을 하나로 하는 것이 마땅하다. 이와 같이 한다면 반드시 하늘이 내리는 복을 받을 것이며, 놀랄만한 천황의 영험에 도움 받을 것이다"라고 하였다.

― 백제 성왕의 불교 전수와 이의 수용을 둘러싼 갈등

겨울 10월 백제 성명왕[성왕이라고도 한다]이 서부 희씨(姬氏) 달솔(達率) 노리사치계(怒唎斯致契) 등을 보내 석가불 금동상 1구와 번개(幡蓋) 약간, 경론 약간 권을 바쳤다. 별도로 (불법을) 유통시키고 예배하는 공

622년 진하승에 의하여 창건되었다고 전해지는 광륭사. 일본 국보 1호인 미륵반가사유상이 안치되어 있다.

덕을 찬양한 표문을 올려 "세상의 법 가운데 이 법이 가장 뛰어나니 (중간 생략) 이에 백제왕 신(臣) 명은 삼가 배신(陪臣) 노리사치계를 보내 황제의 나라에 삼가 전하니 기내(畿內)에 유통하시어 부처님의 '나의 법이 동쪽으로 흘러갈 것이다' 라는 어록을 시행하도록 하십시오"라고 하였다. (이하 요약)

천황은 예배하고자 하여 신하들에게 의견을 물었고, 소아대신(蘇我大臣) 도목숙녜(稻目宿禰)는 수용하자는 의견을, 물부 대련미거(大連尾興)와 중신연겸자(中臣連鎌子)는 국신(國神)의 노여움을 산다며 반대하였다. 이에 시험적으로 소아대신이 불상을 모셨으나 나라에 돌림병이 많아지자, 반대한 물부 대련미거 등이 불법의 수용 때문이라며 없앨 것을 주장한다. 결국 불상을 강에 던지고 가람에 불을 놓아 없애버렸으나 바람과 구름이 없는 날씨에 갑자기 대전(大殿)에서 불이 났다.

― 백제의 한강 유역 포기

이 해 백제가 한성과 평양을 포기하였다. 신라는 이 때문에 한성에 들어와 거주하니, 현재 신라의 우두방(牛頭方)과 니미방(尼彌方)이다.[지명은 알 수 없다.]

○ 14년(553) : 백제 성왕 31년

― 백제의 신라 정벌 구원군 요청

봄 정월 을해(乙亥) 백제가 상부 덕솔 과야차주(科野次酒)와 간솔(한솔) 예색돈(禮塞敦) 등을 보내 군사를 청하였다.

― 백제 사신의 귀환

무인(戊寅) 백제의 사신 중부 한솔 목녜금돈과 하내부의 아사비다 등이 일을 마치고 돌아갔다.

― 왜의 군수물자 하사와 문물 전수 요청

6월 내신을 백제에 사신으로 보내 좋은 말 2필, 동선(同船) 2척, 활 50개, 화살 50구를 주었다. 조칙을 내려 "요청한 군대는 왕이 원하는 대로 하겠소"라 하고, 다른 조칙을 내려 "의박사(醫博士)·역박사(易博士)·역박사(曆博士) 등은 순번에 따라 교대시켜야 하오. 지금 열거한 분야의 사람은 서로 교대할 시기기 되었으니 마땅히 돌아오는 사신에 딸려 교대시켜 주시오. 또한 복서(卜書)·역본(曆本)과 여러 가지 약물(藥物)도 딸려 보냈으면 하오"라고 하였다.

― 왕진이의 선장 임명과 선사 성 하사

가을 7월 장구궁(樟勾宮)에 행차하였다. 소아대신 도목숙녜는 조칙을 받들어 왕진이(王辰爾)를 파견하여 선부(船賦)를 셈하고 기록하였다. 또한 왕진이를 선장(船長)으로 삼아 성을 하사하고 선사(船史)로 하였으니, 지금 선련(船連)의 선조이다.

― 고구려의 신라 접근에 따른 왜에 도움 요청

8월 백제가 상부 나솔 과야신라(科野新羅), 하부 고덕 문휴대산(汶休帶山) 등을 보내 표문을 올려 다음과 같이 말하였다. "지난 해 신 등이 함께 의논하여 내신인 덕솔 차주와 임나의 대부 등을 보내 해외에 있는 관가의 일을 아뢰었습니다. (그리고) 봄의 새싹에 단비가 내리기를 바라는 것처럼 은혜로운 조칙이 내리기를 기다렸습니다. 지금 문득 들으니 신라가 고구려와 서로 모의하여 '백제와 임나가 자주 일본에 이르니 아마 군사를 청하여 우리나라를 정벌하려는 것 같다. 만약 이 일이 사실이라면 나라의 패망은 발뒤꿈치를 밟듯이 뒤따를 것이니 일본의 군사가 출발하기 전에 안라를 정벌하여 일본과의 교통로를 끊어야 한다'라고 하였습니다(이하 요약)."

① 늦기 전에 빨리 구원병을 보내 주라. 백제에 도착하면 옷과 식량은 우리가 공급하고, 임나에 도착하여도 백제에서 도울 것이다.

② 적신(的臣)을 대신하여 임나를 다스릴 사람을 보내어 이를 진정시켜 달라.

③ 활과 말의 요청

― 백제 왕자 여창의 고구려 공격과 승리

겨울 10월 백제의 왕자 여창(餘昌)[명왕의 아들인 위덕왕이다]이 나라의 병사를 모두 징발하여 고구려로 향하였다. 백합(百合)의 들에 보루를 쌓고 군사와 같이 먹고 잤다. 이날 저녁 주변을 보니 커다란 들은 비옥하고 평원은 끝없이 넓은데, 사람의 자취는 거의 보이지 않고 개짖는 소리도 들리지 않았다. 갑자기 북과 피리 소리가 들리니 여창이 크게 놀라 북을 쳐 대응하였다. 밤새도록 지키다가 새벽이 되어 일어나 텅 빈 들판을 보니 (고구려 군사가) 푸른 산처럼 덮었고, 깃발이 가득하였다. 날이 밝자 목에 갑옷을 착용한 자 1기, 징을 꼽은 자 2기, 표범 꼬리를 끼운 자 2기 등 5기가 말고삐를 나란히 하며 도달하여 문기를 어린

아이들이 '우리 들판에 손님이 있다'라고 말했는데 어찌 맞이하는 예가 없는가. 지금 우리와 더불어 예로서 문답할 사람의 성명과 나이, 관위를 빨리 알고자 한다"라고 하였다. 여창이 대답하여 "성은 (고구려왕과) 같고 관위는 한솔이며, 나이는 29살이다. 백제에서 반대로 물으니 역시 이전과 같은 방식으로 대답하였다. 드디어 표를 세우고 서로 싸웠다. 이에 백제는 고구려 용사를 창으로 찔러 말에서 떨어뜨려 머리를 베었다. 이어 머리를 창끝에 찔러 들고 돌아와 군중에게 보이니 고구려 장군의 분노가 더욱 심하였다. 이 때 백제의 환호하는 소리가 천지를 진동시키니 다시 그 부장(副將)이 북을 치고 달려 나가 싸워 고구려왕을 동성산(東聖山) 위까지 쫓아가 퇴각시켰다.

○ 15년(554) : 백제 성왕 32년
 – 백제의 구원병 독촉과 왜의 구원 규모 대답

 봄 정월 백제가 중부 시덕 목례문차, 전부 시덕 일좌분옥(日佐分屋) 등을 축자에 보내 내신과 좌백련(佐伯連) 등에게 묻기를 "덕솔 차주와 간솔(한솔) 색돈 등이 지난 해 윤달 4일에 와서 '그대들이 내년 정월에 도착한다'고 하였소. 이와 같이 말했을 뿐 올지 안 올지 잘 모르겠소. 또한 군사의 수는 얼마요. 귀띔이라도 해주면 미리 병영을 쌓고자 하오"라고 하였다. 또한 묻기를 "지금 들으니 경외하는 천황의 조칙을 받들어 축자에 와서 보내준 군대를 살피라 하였소. 이를 듣는 기쁨은 말할 수 없소. 올해의 전투는 전보다 매우 위태로우니 주신 군대를 정월까지 이르도록 해주었으면 하오"라고 하였다. 내신은 칙명을 받들어 대답하기를 "즉시 원군 1,000명, 말 100필, 배 40척을 보내겠소"라고 하였다.

— 백제의 구원병 요청과 선진문물 전수자들의 교대

2월 백제가 하부 한솔 장군 삼귀(三貴)와 상부 나솔 물부조(物部鳥) 등을 보내 구원병을 요청하였다. 이어 덕솔 동성자막고(東城子莫古)를 바쳐 전에 번을 섰던 나솔 동성자언과 교대하였다. 오경박사 왕유귀(王柳貴)는 고덕 마정안(馬丁安)을 대신하였고, 승려 담혜(曇慧) 등 9명은 승려 도심(道深) 등 7명과 교대하였다. 별도로 칙명을 받들어 역(易)박사 시덕 왕도량(王道良), 역(曆)박사 고덕 왕보손(王保孫), 의박사 나솔 왕유릉타(王有㥄陀), 채약사(採藥師) 시덕 반량풍(潘量豊)과 고덕 정유타(丁有陀), 악인(樂人) 시덕 삼근(三斤), 계덕(季德) 기마차(己麻次), 계덕 진노(進奴), 대덕(對德) 진타(進陀)를 바치니 모두 청에 따라 교대하였다.

— 백제 사신의 귀환

3월 백제 사신 중부 시덕 목례문차 등이 일을 마치고 돌아갔다.

— 왜 수군의 백제 도착

여름 5월 내신이 수군을 거느리고 백제에 이르렀다.

— 백제의 신라 공격과 성왕의 전사

겨울 12월 백제가 하부 한솔 문사간노(汶斯干奴)를 보내 표문을 올려 "백제왕인 신(臣) 명과 안라에 있는 여러 왜신(倭臣)들, 임나 여러 나라의 한기들이 '사라(신라)가 무도(無道)하여 천황을 두려워하지 않고 고구려와 합심하여 바다 북쪽의 관가를 멸망시키려 합니다. 신 등이 함께 논의하여 유지신(有至臣) 등을 보내 삼가 군사를 청해 신라를 정벌하고자 합니다'라고 아뢰었습니다. 이에 천황께서 유지신을 보내 군사를 거느리고 6월에 이르니 신 등은 매우 기뻐 12월 9일 (군사를) 보내 신라를 공격하였습니다. 신은 먼저 동방령(東方領) 물부막기무련(物部莫奇武連)을 보내 그 방의 군사를 거느리고 함산성(函山城)을 공격하였는데, 유지신이 데리고 온 백성인 축자의 물부막기위사기(物部莫奇委沙奇)가 불화살을 잘 쏘았습니다. 천황의 놀랄만한 영험에 힘입어 이 달 9일 유시(酉時)에 성을 불살라 함락시켰습니다. 때문에 먼저 사신을 빠른 배로 보내어 아뢰는 것입니다"라고 하였다. 별도로 아뢰길 "만약 신라 혼자라면 유지신이 거느린 군사로도 충분하지만 지금 박(고구려)이 사라(신라)와 더불어 마음을 함께 하고 힘을 합하여 성공하기가 어렵습니다. 엎드려 원하오니 속히 축자 섬의 여러 군사들을 보내어 신의 나라를 돕고 또한 임나를 돕는다면 일은 성공할 수 있을 것입니다"라고 하였다. 또한 아뢰길 "신은 별도로 군사 만 명을 보내어 임나를 돕고 있습니다. 아울러 아뢰건대 지금의 일은 급하여 배 한 척만 보내어 아뢰기 때문에 좋은 비단 2필과 탑등(毾㲪; 페르시아 직물) 1령(領), 도끼 300구(口), 사로잡은 성의 백성인 남자 둘과 여자 다섯을 바칩니다. 너무 약소하여 죄송합니다"라고 하였다. 여창이 신라를 정벌할 것을 도모하니 기노(耆老; 원로 신하)가 간언하여 말하길 "하늘이 (기회를) 주지 않았는데 화가 미칠까 두렵습니다"라고 하였다. 여창이 말하길 "늙었구려! 어찌 겁을 내십니까. 우리는 대국(일본)을 섬기는데 어떤 두려움이 있겠소. 드디어 신라국에 들어가 구타모라(久陀牟羅)에 보루를 쌓았다. 그의 아버지인 명왕은 여창이 오랜 행진에 고통 받고 오랫동안 자고 먹지 못하여, 아버지의 자애로움이 많이 소홀해지면 자식의 효성도 이루어지기 어렵다는 것을 걱정하였다. 이에 직접 위로하러 갔다. 신라는 명왕이 친히 온다는 소식을 듣고 나라 안의 병사를 모두 징발하여 길을 차단하여 격파하였다. 이 때 신라가 좌지촌(佐知村)의 말 키우는 노비 고도(苦都)[곡지(谷智)라고도 한다]에게 일러 "고도는 천한 노비이고 명왕은 훌륭한 임금이다. 지금 천한 노비에게 훌륭한 임금을 죽이게 해 후세에 전하여 사람들에게 잊혀지지 않기를 바란다"라고 하였다. 이윽고 고도가 명왕을 잡아 두 번 절하면서 "왕의 머리를 베기를 청합니다"라고 하였다. 명왕이 대답하여 "왕의 머리를 노비의 손에 줄 수 없다"라고 말하자 고도가 "우리나라 법에 맹세한 것을 어기면 비록 국왕이라도 노비의 손에 죽는다[다른 기록에는 '명왕이 호상(胡床)에 걸터앉아 곡지(谷知)에게 허리에 찬 칼을 풀어 주어 벨 것을 명하였다'고 한다]"라고 하였다. 명왕이 하늘을 우러러 한숨을 쉬고 눈물을 흘리면서 (이를) 받아들이며 "과인은 생각해 볼 때마다 뼛속 깊이 통증이 파고드니 구차하게 살 생각은 없다"라고 하며 머리를 내밀어 참수당했다. 고도는 (명왕을) 참수하여 죽이고 구덩이를 파서 묻었다.[다른 책에는 "신라가 명왕의 머리뼈를 남겨두고 나머지 뼈는 예를 갖추어 백제에 보냈다. 지금 신라왕은 명왕의 뼈를 북쪽 관청의 계단 아래 묻었으며, 이 관청을 도당(都

堂)이라고 부른다"라고 기록되었다.] 여창은 마침내 포위되어 탈출하고자 하였으나 할 수 없었고, 병사들은 당황하여 어찌할 줄 몰랐다. 이 때 활을 잘 쏘는 축자의 국조(國造; 수장)가 앞으로 나아가 활을 당겨 신라의 기병 중 가장 용감한 자를 겨냥하여 쏘아 떨어뜨렸다. 쏜 화살은 날카로워 말을 탄 사람의 앞뒤 가리개를 관통하여 갑옷의 목깃을 맞추었다. 다시 계속해서 화살을 빗발치듯 쏘아대며 더욱 힘쓰고 분발하면서 포위한 군사를 활로 물리쳤다. 이 때문에 여창과 여러 장수들이 샛길을 따라 도망쳐 돌아올 수 있었다. 여창은 국조가 활로 포위한 군사를 물리친 것을 칭찬하여 그를 높여 '안교군(鞍橋君)'이라 이름지었다. 이에 신라의 장수들은 백제가 지쳤음을 모두 알고 드디어 멸망시켜 남겨두지 않으려 하였다. 한 장수가 말하길 "불가하다. 일본의 천황이 임나의 일로 우리나라를 자주 꾸짖었는데, 다시 백제 관가를 멸망시키려 하였다가는 반드시 후한이 있을 것이다"라고 하여 그만두었다.

○ 16년(555) : 백제 위덕왕 2년

― 왕자 혜의 파견과 성왕의 죽음에 대한 조문, 건국신 제사에 대한 충고

백제 왕자 여창이 왕자 혜(惠)[왕자 혜는 위덕왕의 동생이다]를 보내어 "성명왕이 적에게 살해되었습니다"라고 아뢰었다.[15년 신라에게 살해된 연고를 지금 아뢴 것이다.] 천황이 듣고 침통해하며 사신을 보내 나루에서 맞이하여 위문하였다. 이 때 허세신(許勢臣)이 왕자 혜에게 "이 곳에 머무르겠소? 아니면 고국으로 돌아가겠소?"라고 말하자

혜가 대답하여 "천황의 덕에 의지하여 돌아가신 왕의 원수를 갚고자 하오. 만약 불쌍히 여기시어 병기를 주신다면 치욕을 씻어 원수를 갚고자 하는 것이 신의 바람이오. 신이 떠나거나 머무르는 것은 오직 명을 따를 뿐이오"라고 하였다. 잠시 후에 소아신이 찾아와 위로하며 말하길 "성왕께서는 비범하게도 하늘의 도리와 땅의 이치에 통달하시어 그 명성이 사방팔방에 퍼졌습니다. 생각하건대 영원히 평온함을 지키고 바다 서쪽의 번국(番國)을 통솔하여 오래도록 천황을 받들어 섬길 것으로 알았는데, 어찌 일순간 승하하시어 흐르는 물처럼 돌아오지 못하고 무덤에 잠들게 되리라고는 생각이나 했겠습니까. 얼마나 상심이 크십니까! 무릇 정이 있는 사람이라면 누가 슬퍼하지 않겠습니까. 어떠한 허물이 이러한 화를 가져왔을까. 지금 어떤 방법을 써서 나라를 진정시키겠습니까"라고 하였다. 혜가 대답하여 "신의 타고난 품성이 어리석어 큰 계책을 알지 못하니 어찌 재난과 행복이 미치는 것과 국가의 존속과 망함을 알겠습니까"라고 하였다. 소아경이 "옛날 대박뢰천황(大泊瀨天皇; 웅략천황)이 다스리던 시기에 그대 나라는 고구려에 핍박을 받아 계란을 포개놓은 것처럼 매우 위태로웠습니다. 이에 천황께서 신지백(神祇伯; 제사를 주관하는 기관의 장)에게 명하여 신지로부터 삼가 계책을 받도록 하였습니다. 신관이 신의 말에 의탁하여 말하길 "나라를 세운 신을 청해 모셔와 망하려는 임금을 가서 구하면 반드시 나라가 평온해지고 사람 또한 안정될 것이다"라고 하였습니다. 이와 같이 신을 청해 가서 구원한 까닭에 사직이 안정되고 평온해졌습니다. 원래 나라를 세운 신이란 하늘과 땅으로 나뉘어 구분되던 시대, 풀과 나무가 말을 하던 시기에 하늘로부터 내려와서 나라를 만든 신입니다. 지난번에 들으니 그대 나라는 그 제사를 멈추어 지내지 않는다 하는데, 이제 지금이라도 이전의 잘못됨을 뉘우치고 신궁을 수리하여 신령을 받들어 제사지내면 나라는 크게 번성할 것이니 그대는 이를 잊지 마십시오"라고 하였다.

― 위덕왕의 출가 시도와 신하들의 만류

8월 백제 여창이 여러 신하들에게 일러 말하길 "나는 이제 돌아가신 선왕을 받들어 출가하여 불도를 닦았으면 한다"라고 하였다. 여러 신하와 백성들이 대답하여 "지금 임금께서 출가하여 수도를 하신다면 일단 교시를 받들겠습니다만, 아아! 이전의 극심을 진정시키지 않아 후에 큰 우환이 있다면 누구의 잘못입니까. 무릇 백제국은 고구려·신라와 싸워 (이들을) 멸망시키고자 함이 나라를 세운 때부터 현재까지 이르렀는데, 지금 이 나라의 종묘를 장차 어느 나라에 주려고 합니까. 모름지기 도리는 교시를 따르는 것이 분명하지만 원로 대신의 말을 들었다면 어찌 여기까지 이르렀겠습니까. 청컨대 전의 잘못을 뉘우치고 속세를 떠나는 수고를 하시지 않았으면 합니다. 만일 결단코 원한다면 나라 백성들을 출가시키는 것이 마땅합니다"라고 하였다. 여창이 "좋다"라고 대답하며 곧 나아가 신하들에게 (이를) 도모하라고 하였다. 신하들은 마침내 상의하여 백 명을 출가시키고 번개(番蓋)를 많이 만들어 여러 공덕을 쌓았다고 한다.

○ 17년(556) : 백제 위덕왕 3년

― 백제 왕자 혜의 귀국

봄 정월 백제 왕자 혜가 돌아가기를 청하자 병기와 좋은 말을 매우 많이 하사하였다. 또한 자주 상으로 물품을 주어 사람들이 부러워하고 공경하며 탄성하였다. 이에 아배신(阿倍臣)과 좌백련, 파마직(播磨直)을 보내어 축자국의 수군을 이끌고 나라에 도달할 때까지 호위하여 보냈다. 별도로 축자의 화군(火君)[『백제본기』에는 축자군의 아들 화중군(火中君)의 동생이라 한다]을 보내어 용감한 군사 천 명을 이끌고 미호(彌弖)까지 호위하여 보내 뱃길의 길목을 지키게 하였다.

― 소아대신의 파견과 한인 둔창 설치

겨울 10월 소아대신 도목숙녜 등을 왜국의 고시군(高市郡)에 보내 한인(韓人) 대신협둔창(大身狹屯倉)[한인은 백제를 말한다]과 고구려인 소신협둔창(小身狹屯倉)을 설치하고, 기국(紀國)에 해부둔창(海部屯倉)을 두었다.[다른 책에는 "곳곳의 한인으로서 대신협둔창의 전부(田部)를 삼았다. 이는 곧 한인과 고구려인으로서 전부를 삼은 까닭에 둔창의 이름으로 삼았다"고 기록되었다.]

○ 18년(557) : 백제 위덕왕 4년

― 위덕왕의 즉위

봄 3월 백제 왕자 여창이 왕위를 이었으니, 이가 위덕왕이다.

○ 22년(561) : 백제 위덕왕 8년

― 신라·백제 사신의 서열 문제와 신라의 일본 침략 대비

이 해 다시 (신라가) 노저(奴氐) 대사(大舍)를 보내어 전의 공물을 바쳤다. 난파(難波)의 대군(大郡)에서 여러 번(蕃)의 순서를 매겼는데, 장객(掌客; 사신을 접대하는 관리) 액전부련(額田部連)과 갈성직(葛城直) 등이 사신을 백제의 아래로 서게 하여 인도하였다. 대사가 화가 나 돌아가 객사에 들어가지 않고 배를 타고 귀환하여 혈문(穴門)에 이르렀다. 이에 혈문관을 수리하는데, 대사가 "어떤 손님을 위해 만드는가"라고 묻자 공장인 하내마사수압승(河內馬飼首押勝)이 거짓으로 "서방(西方)의 무례함을 분책하러 보낼 사신이 묶을 숙소이다"라고 말하였다. 대사가 나라에 돌아와 그 말을 알리자 신라는 아라(阿羅)의 파사산(波斯山)에 성을 쌓아 일본에 대비하였다.

○ 23년(562) : 백제 위덕왕 9년

― 왜와 백제의 신라 공격

이 달(7월) 대장군 기남마려숙녜(紀男麻呂宿禰)를 보내 군사를 거느리고 치리(哆唎)에서 출병하게 하고, 부장 하변신경악(河邊臣瓊岳)은 거증산(居曾山)에서 출병하게 하여 신라가 임나를 공격한 상황을 문책하고자 하였다. 마침내 임나에 도달하여 천집부수등미(薦集部首登彌)를 백제에 보내 군사 계획을 약속하였다. (이하 요약)

기남마려숙녜는 승리를 거두고 군사를 돌려 백제의 군영에 돌아갔다.

하변신경악은 신라에 패하고 항복하여 굴욕을 당했다. 다만 함께 사로잡혔던 조길사이기나(調吉士伊企儺)는 끝까지 항복하지 않고 죽었다.

  ― 왜와 백제의 고구려 공격

 8월 천황이 대장군 대반련협수언(大伴連狹手彦)을 보내어 병사 수 만을 거느리고 고구려를 정벌하였다. 협수언은 이에 백제의 계책을 이용하여 고구려를 깨뜨렸다. (중간 생략) [다른 책에는 "11년 대반협수언련이 백제국과 공동으로 고구려왕 양향(陽香; 평원왕)을 비진류도(比津留都)에서 몰아내었다"라고 한다.]

11. 민달천황(敏達天皇)

 ○ 원년(572) : 백제 위덕왕 19년

  ― 백제대정에 궁을 지음

 이 달(4월) 백제대정(百濟大井)에 궁을 지었다. 물부궁삭수옥대련(物部弓削守屋大連)을 예전과 같이 대련(大連)으로 삼았고, 소아마자숙네(蘇我馬子宿禰)를 대신으로 임명하였다.

  ― 왕진이의 고구려 국서 해독

 천황께서 고구려에서 올린 표문을 대신들에게 주었다. (이하 요약) 여러 사(史)들에게 풀이하게 하였는데, 아무도 하지 못하고, 선사(船史)의 조상인 왕진이가 능히 읽고 해석하여 조정에서 모두 기이하게 여겼다.

○ 4년(575) : 백제 위덕왕 22년

— 백제의 사신 파견

2월 백제가 사신을 보내 조공을 하였는데, 평소보다 매우 많았다.

— 신라 · 백제에 왜의 사신 파견

여름 4월 길사(吉士) 금자(金子)를 신라에 사신으로, 길사 목련자(木蓮子)를 임나에 사신으로, 길사 역어언(譯語彦)을 백제에 사신으로 보냈다.

○ 6년(577) : 백제 위덕왕 24년

— 대별왕과 소흑의 백제 파견

여름 5월 대별왕(大別王)과 소흑(小黑) 길사를 보내어 백제국의 재(宰; 맡아 다스린다는 의미지만 사신의 역할임)로 삼았다.[왕의 신하가 명을 받아 삼한에 사신으로 가면 스스로 '재가 되었다'고 칭하였다. 한에서 '재'라고 말하는 것은 대개 옛날의 관행인가. 지금 사신이라고 말하는 것과 같으며, 나머지 모두 이를 본뜬 것이다. 대별왕은 그 출신을 알 수 없다.]

— 사신의 귀환과 백제의 선진문물 전수

겨울 11월 백제 국왕이 돌아오는 사신 대별왕 등에게 딸려 경론 몇 권과 율사(律師), 선사(禪師), 비구니, 주금사(呪禁師), 조불공(造佛工), 조사공(造寺工) 여섯 명을 바쳤다. 이들은 난파의 대별왕사에 안치시켰다.

○ 12년(583) : 백제 위덕왕 30년

- 임나부흥 계획과 백제에서 일라를 부름

가을 7월 조칙을 내려 "나의 돌아가신 아버님 천황의 시대에 신라가 내관가(임나)를 멸망시켰다. 돌아가신 아버님 천황은 임나를 부흥시키려고 하였으나 끝내 하지 못하고 돌아가시어 그 뜻을 이루지 못하였다. 때문에 짐은 마땅히 신령스러운 계책을 받들어 임나를 다시 부흥시키려 한다. 지금 백제에 있는 화위북국(火葦北國)의 국조 아리사등의 아들 달솔 일라(日羅)가 현명하고 과단성이 있다 하니 짐은 그와 더불어 서로 계획을 세우고자 한다. 이에 기국(紀國)의 국조 압승(押勝)과 길비의 해부직(海部直) 우도(羽嶋)를 보내 백제에서 불러오게 하였다.

- 일라 파견에 대한 백제의 거리낌

겨울 10월 기국의 국조 압승 등이 백제에서 돌아와 조정에서 복명하며 "백제 국왕이 일라를 (왜에 보내는 것을) 애석하게 여겨 기꺼이 돌으려고 하지 않습니다"라고 말하였다.

- 일라의 왜 파견과 국정 자문, 피살

이 해 다시 길비의 해부직 우도를 보내 일라를 백제에서 불러오게 하였다. 우도는 미리 백제에 가서 먼저 사적(私的)으로 일라를 보고자 하여 홀로 집문 앞까지 이르렀다. 이윽고 집안에서 한(韓) 부인이 나와 한(韓)나라 말로 말하길 "당신의 뿌리를 나의 뿌리 안으로 넣으시오"라고 하며, 집안으로 들어갔다. 우도는 곧 그 뜻을 깨닫고 뒤따라 들어갔다. 이에 일라가 마중 나와 손을 잡고 사신을 자리에 앉게 하며, 은밀히 "제가 몰래 들으니 백제 국왕은 천조(왜 조정)가 신을 보낸 뒤에 억류하고 돌려보내지 않을까 의심한다고 합니다. 때문에 애석하게 여겨 기꺼이 보내려고 하지 않습니다. 마땅히 조칙을 내릴 때에 엄하고 단호한 기색을 드러내 매우 급하게 부르십시오"라고 말하였다. 우도가 그 계책에 따라 일라를 불렀다. 이에 백제 국왕은 천조를 두려워하여 감히 조칙을 어기지 못하고 일라와 은솔 덕이(德爾)·여노(余怒)·기노지(奇奴知), 참관(參官), 선장 덕솔 차간덕(次干德), 뱃사공 등 약간 명을 보냈다. 일라 등이 길비아도(吉備兒嶋) 둔창에 이르자 조정에서는 대반강수자련(大伴糠手子連)을 보내어 위로하였다. 다시 대부 등을 난파관에 보내 일라를 방문하게 하였다. 이 때 일라는 갑옷을 입은 채 말을 타고 문 앞에 이르러 관청 앞으로 나아갔다. 앞에 나갔다 뒤로 물러나면서 무릎을 꿇고 절하며 탄식하여 "선화천황 때에 나의 주군이신 대반금촌대련을 받들어 국가를 위해 해외에 사신으로 갔던 화위북국의 국조인 형부채부(刑部靫部) 아리사등의 자식인 신 달솔 일라는 천황의 부르심을 듣고 경외하며 내조하였습니다"라고 말하였다. 이어 그 갑옷을 벗어 천황께 바쳤다. 곧 아두상시(阿斗桑市)에 머무를 곳을 지어 일라를 거주하게 하고 바라는 대로 (물건을) 공급해주었다. 다시 아배목신(阿倍目臣)과 물부지자련(物部贄子連), 대반강수자련을 보내 일라에게 국정을 자문하게 하였다. 일라가 대답하여 말하기를 "천황께서 천하를 다스리는 이유는 백성들을 보호하고 기르는 데 있습니다. (중간 생략) 그리고 유능한 사신을 백제에 보내어 그 국왕을 부르고, 만약 오지 않는다면 그 태좌평

[太佐平; 대좌평(大佐平)]과 왕자 등을 불러 오게 하십시오. 그러면 자연 복종할 마음이 생겨날 것이니 이러한 연후에 죄를 물으십시오"라고 하였다. 또한 아뢰어 말하길 "백제인이 모의하여 '배 3백 척을 가지고 축자에 살고자 한다' 라고 하니 만약 그것을 실제로 요청한다면 겉으로는 허락하십시오. 그러면 백제는 새로이 나라를 만들고자 하여 반드시 먼저 여자들과 어린이들을 배에 싣고 이를 것입니다. 나라에서는 이 때를 엿보아 일기(壹伎)와 대마(對馬)에 복병을 많이 배치하여 이르기를 기다려 죽이십시오. 도리어 속지 마시고 요충지마다 견고하게 보루를 쌓으십시오"라고 하였다. 이에 은솔, 참관이 일을 마치고 나라로 돌아갈 때[옛 책에는 은솔이 1명, 참관이 1명이라고 하였다] 가만히 덕이 등에게 말하길 "내가 축자를 지날 즈음 모의하여 너희들이 몰래 일라를 죽인다면 내가 왕에게 아뢰어 높은 벼슬을 내리고 본인과 아내와 자식들이 이후에도 영예를 입도록 하겠다"라고 하였다. 덕이와 여노 모두 수락하였다. 참관 등이 드디어 혈록(血鹿)에서 길을 떠났다. 이에 일라는 상시촌으로부터 난파관으로 옮겼다. 덕이 등은 밤낮으로 서로 계책을 세워 죽이고자 하였으나 이 때 일라의 몸에 마치 불꽃과 같은 빛이 났다. 이에 덕이 등은 두려워 죽이지 못하고 드디어 12월 그믐날 빛이 없어지기를 기다려 죽였다. 일라는 곧 살아나서 "이는 내가 부리는 종들의 행위이지 신라가 아니다"라고 말하며 말을 마치자마자 죽었다. 천황은 지자대련과 강수자련에게 조칙을 내려 소군(小郡)의 서쪽 경계 언덕 앞에 (시신을) 수습하여 장례를 치르고 그 아내와 자식, 뱃사공 등을

석천(石川)에 살게 명하였다. 이에 대반강수자련이 의논하여 "한 곳에 모여 살면 변고가 생길까 두렵습니다"고 말하니, 아내와 자식은 석촌 백제촌에 살게 하고 뱃사공 등은 석촌 대반촌(大伴村)에 살게 하였다. 덕이 등을 잡아 묶어 하백제(下百濟) 하전촌(河田村)에 두고, 수 명의 대부를 보내 이 사건에 대하여 추문하였다. 덕이 등은 죄를 빌며 말하길 "진실로 이는 은솔과 참관이 시킨 것입니다. 우리들은 그들의 밑에 있기 때문에 감히 어길 수 없었습니다"라고 하였다. 이 때문에 감옥에 가두고 조정에 복명하였다. 이에 사신을 위북(화위북국)에 보내 일라의 식구를 모두 불러 덕이 등을 주어 마음대로 죄를 처리하게 하였다. 이때 위북의 군장 등은 (이들의 신병을 인도) 받아 모두 죽여 미매도(彌賣嶋)에 던져 버리고, 일라를 위북에 이장하였다. 후에 해안가에 있는 사람이 말하길 "은솔의 배는 풍랑을 만나 바다에 가라앉았고, 참관의 배는 진도(津嶋)에서 떠돌다가 비로소 돌아갈 수 있었다"라고 하였다.

12. 숭준천황(崇峻天皇)

○ 즉위 전기(587) : 백제 위덕왕 34년
 - 일본 승려의 백제 유학 요청
6월 선신아니(善信阿尼) 등이 대신에게 일러 말하길 "출가의 길은 계율을 근본으로 하니 백제로 가서 불교의 계율을 배우기를 원합니다"라고 하였다.

이 달 백제의 조공 사신이 내조하였다. 대신이 사신에게 일러 말하길 "이 비구니들을 데리고 그대 나라로 데려 가 불교의 계율을 배우게 하고 마친 후에 보내라"고 하였다. 사신이 대답하여 "저희들이 우리나라에 돌아가 우선 국왕에게 아뢴 이후에 보내도 늦지 않을 것입니다"라고 말하였다.

○ 원년(588) : 백제 위덕왕 35년
— 백제의 사신 파견과 불교의 전수, 법흥사 조영 시작

이 해 백제국에서 사신과 함께 승려 혜총(惠總)·영근(令斤)·혜식(惠寔) 등을 보내 불사리(佛舍利)를 바쳤다. 백제국은 은솔 수신(首信), 덕솔 개문(蓋文), 나솔 복부(福富)와 미신(味身) 등을 보내 조공하였다. 아울러 불사리와 승려 영조율사(聆照律師)·영위(令威)·혜중(惠衆)·혜숙(惠宿)·도엄(道嚴)·영개(令開) 등과 사원 건축가인 태량미태(太良未太)·문가고자(文賈古子), 탑 상륜부 만드는 전문가인 박사 장덕 백매순(白昧淳),

소아마자의 무덤으로 추정되는 석무대고분 내부

기와 전문가인 박사 마나문노(麻奈文奴)·양귀문(陽貴文)·능귀문(悛貴文)·석마제미(昔麻帝彌), 화가인 백가(白加)를 바쳤다. 소아마자숙녜는 백제 승려 등을 초빙하여 계를 받는 법을 묻고, 선신 비구니 등을 백제국 사신인 은솔 수신 등에게 딸려 보내 배우도록 하였다. 비조의봉조(飛鳥衣縫造)의 조상 수엽(樹葉)의 집을 허물어 비로소 법흥사(法興寺)를 지었다. 이 지명은 비조진신원(飛鳥眞神原) 또는 비조점전(飛鳥苫田)이라 한다.

나라현에 있는 일본 최초의 사찰인 비조사. 소아마자가 588년 세웠으며, 『일본서기』에 나오는 법흥사이다.

○ 3년(590) : 백제 위덕왕 37년

― 백제로부터 비구니의 귀환과 출가인의 발생

봄 3월 (불법을) 배우러 간 비구니 선신 등이 백제로부터 돌아와 앵정사(櫻井寺)에 거주하였다.

이 해 출가한 비구니는 대반협수언련(大伴狹手彦連)의 딸 선덕(善德), 대반박(大伴狛) 부인, 신라 여자 선묘(善妙), 백제 여자 묘광(妙光), 또한 한인(漢人)인 선총(善聰)·선통(善通)·묘덕(妙德)·법정조(法定照)·선지총(善智聰)·선지혜(善智惠)·선광(善光) 등이다. 안부(鞍部) 사마달(司馬達) 등의 자식인 다수나(多須奈)도 같은 때 출가하였는데, 덕제법사(德齊法師)라 불렀다.

법흥사에 있는 평안(헤이안)시대에 제작된 성덕태자상. 성덕태자는 백제의 선진문물을 적극적으로 수용한 인물이다.

13. 추고천황(推古天皇)

○ 3년(595) : 백제 위덕왕 42년
― 고구려 승려 혜자의 황태자 스승 임명
5월 고구려 승려 혜자(慧慈)가 귀화하자 황태자의 스승으로 삼았다.
― 백제 승려 혜총의 왜 파견
이 해 백제 승려 혜총(慧聰)이 왔다. 이 두 승려는 불교를 널리 퍼뜨려 세 가지 보물의 동량(棟梁)이 되었다.

○ 4년(596) : 백제 위덕왕 43년
― 법흥사의 완공과 두 승려의 불사 주관
11월 법흥사가 마침내 완공되니 대신 남선덕신(男善德臣)을 절의 주지로 삼았다.
이 날 혜자 · 혜총 두 승려가 처음으로 법흥사에서 (불법에 관한) 일을 주관하였다.

○ 5년(597) : 백제 위덕왕 44년
― 백제 왕자 아좌의 파견
여름 4월 백제왕이 왕자 아좌(阿佐)를 보내어 조공하였다.

○ 7년(599) : 백제 법왕 1년

― 백제의 조공

가을 9월 백제가 낙타 1필, 나귀 1필, 양 1마리, 흰 꿩 1마리를 바쳤다.

○ 9년(601) : 백제 무왕 2년

― 임나 구원을 위한 조칙

대반련설(大伴連囓)을 고구려에 보내고, 판본신강수(坂本臣糠手)를 백제에 보내 조칙을 내려 "급히 임나를 구원하라"고 하였다.

○ 10년(602) : 백제 무왕 3년

― 사신의 귀환과 신라 정벌의 연기

6월 대반련설과 판본신강수가 함께 백제로부터 이르렀다. 이 때 내목황자(來目皇子)가 병으로 누워 (신라를) 정벌하지 못하였다.

― 백제 승려 관륵의 선진문물 전래

겨울 10월 백제 승려 관륵(觀勒)이 와서 역본(曆本) 및 천문과 지리책을 바쳤다. 아울러 둔갑과 방술(方術)의 책도 바쳤다. 이

법륭사 소장 백제관음상(비조시대)

때 서생 3, 4명을 선발하여 관륵에게 배우도록 하였다. 양호사(陽胡史)의 선조인 옥진(玉陣)은 역법을 배웠고, 대우촌주(大友村主)인 고총(高聰)은 천문과 둔갑을 배웠으며, 산배신(山背臣) 일립(日立)은 방술을 배워 모두 일가를 이룰 수 있었다.

○ 16년(608) : 백제 무왕 9년
- 백제의 당나라 국서 탈취

6월 (당나라) 사신들이 난파진에 정박하였다. 이 날 환영하는 배 30척으로 사신들을 강 입구에서 맞이하여 신관에 안치하였다. 그리고 중신(中臣) 궁지련(宮地連) 조마려(鳥摩呂), 대하내직(大河內直) 강수(糠手), 선사(船史) 왕평(王平)에게 사신을 접대하는 일을 맡겼다. 그러자 매자신(妹子臣)이 이를 아뢰어 "신이 돌아올 때에 당나라 황제께서 서신을 저에게 주었습니다. 그러나 백제국을 지날 때에 백제인이 (몸을) 수색하여 (국서를) 빼앗아 올릴 수 없게 되었습니다"라고 하였다. 이에 군신이 의논하여 "무릇 사신이란 비록 죽더라도 심지를 잃어서는 안되는데, 사신이 태만하여 대국의 국서를 잃어버렸는가"라고 말하며 유배형에 처했다. 이 때 천황은 조칙을 내려 "매자는 비록 국서를 잃어버린 죄가 있다 하나 처벌할 수가 없다"라고 하였다. 대국의 사신들도 또한 좋지 않다고 하여 용서하고 처벌하지 않았다.

○ 17년(609) : 백제 무왕 10년

− 중국에 파견된 백제인의 왜 표착과 귀화

여름 4월 축자의 대재(大宰)가 진언하여 말하길 "백제의 승려 도흔(道欣)・혜미(惠彌)를 비롯한 10명과 민간인 75명이 비후국(肥後國)의 위북진(葦北津)에 이르렀습니다"라고 하였다. 이에 난파의 길사 덕마려(德摩呂), 선사 용(龍)을 보내어 "어찌해서 왔는가"라고 물었다. (그들이) 대답하기를 "백제왕의 명으로 오나라(중국)로 파견되었는데, 그 나라에 난리가 나 들어갈 수 없었습니다. 다시 본국으로 돌아가는데, 갑자기 폭풍을 만나 바다 가운데 표류하였으나 다행히 성스러운 황제가 통치하는 변경에 도달하여 기뻤습니다"라고 하였다.

5월 덕마려 등이 돌아와 아뢰자 덕마려와 용 2명을 되돌려 보내 백제인들의 본국 송환을 도와주도록 하였다. 대마에 이르러 도인(道人) 등 11명이 모두 머무르기를 청하자 이에 표문을 올렸고, (그들을) 머물게 하였다. 이에 (그들을) 원흥사(元興寺)에 있게 하였다.

○ 20년(612) : 백제 무왕 13년

− 백제인 모형 제작자와 기악무 전문가의 귀화

이 해 백제에서 귀화해온 사람이 있었는데, 그 얼굴과 몸에 모두 흰 얼룩이 있어 마치 파리한 문둥병자와 같았다. 이상한 모습을 싫어하여 바다 가운데 있는 섬에 추방하려고 하였는데, 그 사람이 말하길 "만일 저의 얼룩진 피부를 싫어한다면 얼룩소나 말을 나라에서 기를 수 없습

부여 구드레 공원에 조영된 미마지사적비

니다. 또한 신에게는 조그마한 재주가 있사오니, 능히 산악의 형체를 만들 수 있습니다. 신을 머물게 하여 기용한다면 나라에 이익이 될 것이오니, 어찌 헛되이 바다의 섬에 추방하려고 하십니까"라고 하였다. 이에 그 말을 들어 추방하지 않고 수미산과 오나라 다리의 모형을 남쪽 정원에 만들게 하니 이 때 사람이 그를 '노자공(路子工)'이라 불렀고, 또한 '지기마려(芝耆摩呂)'라 하였다. 아울러 백제 사람 미마지(味摩之)가 귀화하였는데, "오나라(중국)에서 익혀 기악무(伎樂儛)를 할 수 있다"고 하였다. 그러자 앵정에 안치하고 소년들을 모아 기악무를 배우도록 하였다. 이에 진야수제자(眞野首弟子)와 신한제문(新漢濟文) 두 사람이 그 춤을 전수받았으니, 지금의 대시수(大市首)와 벽전수(辟田首) 등의 선조이다.

○ 23년(615) : 백제 무왕 16년
- 당으로부터 왜 사신 귀환과 백제 사신의 동행

가을 9월 견상군(犬上君) 어전초(御田鍬)와 시전부조(矢田部造)가 당에서 돌아왔다. 백제의 사신이 견상군을 따라 와서 조공하였다.
11월 백제 사신에게 향응을 베풀었다.

○ 31년(623) : 백제 무왕 24년
- 신라의 임나 정벌과 임나의 백제 귀속 문제

이 해 신라가 임나를 정벌하여 임나가 신라에 복속되었다. 이에 천황은 신라를 치려고 대신과 모의하고 여러 경들에게 물었다. 전중신(田中臣)이 대답하기를 "급히 쳐서는 안됩니다. 먼저 상황을 살펴서 (신라가 우리의 입장에) 거슬린다는 것을 안 후에 공격하여도 늦지 않습니다. 청컨대 시험 삼아 사신을 보내 그 소식을 알아보십시오"라고 하였다. 중신련국(中臣連國)이 "임나는 원래 우리의 내관가(內官家)인데, 지금 신라인이 임나를 쳐서 가지고 있습니다. 청컨대 군대를 정비하여 신라를 정벌하고, 임나를 취하여 백제에 부속시키십시오. 차라리 신라에 있는 것보다 유익하지 않겠습니까"라고 말하였다. 전중신이 말하길 "그렇지 않습니다. 백제는 번복하는 것이 많은 나라여서 길을 가는 사이에

도 오히려 속임수를 씁니다. 대개 그들이 청하는 것은 모두 거짓이므로 백제에 부속하는 것은 불가합니다"라고 하였다. 결국 정벌을 실행하지 못하였다.

○ 32년(624) : 백제 무왕 25년

− 백제 승 관륵의 활동

여름 4월 병오(丙午) 어떤 승려가 도끼를 가지고 할아버지를 쳤다. 이 때 천황은 그 소식을 듣고 대신들을 불러 조칙을 내려 말하기를 "무릇 출가한 자는 삼가 삼보(三寶)에 귀의하고 모두 불법의 계율을 마음 속에 품어야 하나 어찌 뉘우치고 꺼리는 것이 없이 함부로 악역(惡逆)을 범하였는가. 지금 짐이 듣건대 승려가 할아버지를 쳤다 하니 모든 절의 승려를 모아 조사하고 만약 사실이라면 엄히 벌을 주어라"고 하였다. 이에 모든 승려들을 모아 조사하고 악역을 저지른 승려와 여러 승려들 모두 벌을 주려고 하였다. 이 때 백제 승려인 관륵이 표문을 올려 말하기를 "무릇 불법은 서역으로부터 한나라(중국)에 이르러 300년이 지난 후에 백제국에 전해지

광륭사의 창건자로 알려진 진하승 석상

게 되었습니다. 그리고 겨우 100년이 되었을 적에 우리 왕께서는 일본 천황이 어질고 명석하다는 말을 듣고 불상과 경전을 바쳤는데, 채 100년이 지나지 않았습니다. (이와 같이 전래된 시간이 짧아) 지금 승려가 불법의 계율을 익히지 못하여 갑자기 악역을 범하였습니다. 이 때문에 모든 승려들은 당황하고 두려워하여 어찌할지 모르고 있습니다. 바라건대 악역을 범한 자를 제외한 승려들은 모두 용서하고 죄를 주지 마십시오. 이는 커다란 공덕입니다"라고 하였다. 천황이 이에 허락하였다.

임술(壬戌) 승려 관륵을 승정(僧正)으로 삼고 안부(鞍部) 덕적(德積)을 승도(僧都)로 삼았다. 이 날 아담련(阿曇連)을 법두(法頭)로 삼았다.

14. 서명천황(舒明天皇)

○ 2년(630) : 백제 무왕 31년
- 고구려와 백제 사신의 조공과 귀환

고구려의 대사(大使) 연자발(宴子拔), 소사(小使) 약덕(若德)과 백제의 대사 은솔 소자(素子), 소사 덕솔 무덕(武德)이 함께 조공하였다.

8월 고구려와 백제 사신을 조정에서 향응하였다.

9월 고구려와 백제 사신이 자기 나라로 돌아갔다.

○ 3년(631) : 백제 무왕 32년

− 백제 왕자 풍장의 파견

백제왕 의자(義慈)가 왕자 풍장(豊章)을 들여보내 볼모가 되게 하였다.

○ 7년(635) : 백제 무왕 36년

− 백제 사신의 파견

백제에서 달솔 유(柔) 등을 보내어 조공하였다.
가을 7월 백제 사신을 조정에서 향응하였다.

○ 10년(638) : 백제 무왕 39년

− 백제 · 신라 · 임나의 조공

백제 · 신라 · 임나가 모두 조공하였다.

○ 11년(639) : 백제 무왕 40년

− 백제궁과 백제사, 백제탑의 조영

가을 7월 조칙을 내려 "올해 커다란 궁과 절을 만들어라"고 하니 백제천 가장자리를 궁터로 하였다. 이 때문에 서쪽의 백성은 궁궐을 짓고 동쪽의 백성은 절을 지었다. 이어 서직현(書直縣)을 기술 책임자로 삼았다.

이 달(12월) 백제천 가장자리에 9층탑을 세웠다.

현존하는 일본 최고의 목탑인 법륭사 5층목탑. 사찰의 가람배치가 백제와 유사하다.

○ 12년(640) : 백제 무왕 41년
 - 당유학생의 신라 경유 귀국과 백제 · 신라의 조공

겨울 10월 당에서 학문을 익힌 승려 청안(淸安), 학생 고향한인(高向漢人) 현리(玄理)가 신라를 거쳐 이르렀다. 이 때 백제와 신라의 조공 사신이 함께 따라 왔는데, (이들에게) 각기 관작 1급을 주었다.

 - 백제궁으로 왕궁을 옮김

이 달(10월) 백제궁으로 (왕궁을) 옮겼다.

○ 13년(641) : 백제 의자왕 1년

— 백제궁에서 천황의 죽음과 백제대빈

겨울 10월 을축(乙丑) 천황이 백제궁에서 붕어하였다.

병오(丙午) 궁의 북쪽에 빈장을 차렸으니 이를 백제대빈(百濟大殯)이라 일컬었다.

15. 황극천황(皇極天皇)

○ 원년(642) : 백제 의자왕 2년

— 백제 조문사와 백제의 대란 소식

봄 정월 백제에 사신으로 갔던 대인 아담련비라부(阿曇連比羅夫)가 축자국으로부터 역마를 타고 와서 말하길 "백제국이 천황이 붕어하였다는 소식을 듣고 삼가 조문 사절을 보냈고, 신은 조문사를 따라 함께 축자에 이르렀습니다. 저는 장례식 일을 하고자 먼저 홀로 왔습니다만 그 나라에 지금 큰 난리가 났습니다"라고 하였다.

2월 정해(丁亥) 아담산배련비라부(阿曇山背連比羅夫), 초벽길사반금(草壁吉士磐金), 왜한서직현(倭漢書直縣)을 백제 조문사가 있는 곳에 보내어 그 나라 소식을 물었다. 조문사가 대답하여 "백제 국왕께서 신에게 일러 '색상(塞上)은 항상 나쁜 짓을 하니 돌아오는 사신에 딸려 보내기를 요청하여도 왜 조정에서 허락하지 말게 하라'고 말씀하셨습니다"라고 하였다. 백제 조문사의 종자 등도 "지난 11월 대좌평(大佐平) 지적

(智積)이 죽었습니다. 또 백제 사신이 곤륜(崑崙) 사신을 바다 속에 던 졌습니다. 금년 정월에 임금의 어머니께서 돌아가셨습니다. 또한 아우 왕자의 자식인 교기(翹岐)와 이종사촌 누이 4명, 내좌평(內佐平) 기미 (岐味), 이름 있는 40여 명을 섬에 추방하였습니다"라고 말하였다.

무신(戊申) 고구려와 백제 사신을 난파군에서 향응하였다. 대신에게 조칙을 내려 "진수련대해(津守連大海)는 고구려에 사신으로, 국승길사 수계(國勝吉士水鷄)는 백제에 사신으로, 초벽길사진적(草壁吉士眞跡)은 신라에 사신으로, 판본길사장형(坂本吉士長兄)은 임나에 사신으로 보낼 만하다"라고 하였다.

― 백제 왕자 교기의 왜 정착

(2월) 경술(庚戌) 교기를 불러 아담산배련의 집에 안치하였다.

― 고구려·백제 사신의 향응과 귀환

신해(辛亥) 고구려와 백제 사신을 향응하였다.

계축(癸丑) 고구려 사신과 백제 사신이 함께 일을 마치고 돌아갔다.

― 교기의 왜에서 행적

여름 4월 계사(癸巳) 대사 교기가 그 종자를 데리고 조정에 배알하였 다.

을미(乙未) 소아대신이 묘방가(畝傍家)에서 백제 교기 등을 불러 직접 대화를 나누고 좋은 말 1필과 철 20정을 주었다. 오직 색상만 부르지 않았다.

5월 을묘(乙卯) 하내국의 의망 둔창 앞에 교기 등을 불러 활로 사냥하는 것을 관람하게 하였다.

― 백제 사신의 조공과 왜 사신의 귀환

경오(庚午) 백제국 조공 사신의 배와 길사의 배가 함께 난파진에 이르렀다.[길사는 전에 백제에 사신으로 갔던 사람이다.]

임신(壬申) 백제 사신이 조를 바치고, 길사는 복명하였다.

― 교기 아들의 장례

을해(乙亥) 교기의 종자 1명이 죽었다.

병자(丙子) 교기의 아들이 죽었다. 이 때 교기와 그 처는 아들이 죽은 것을 두려워하고 꺼려하여 상제 노릇을 하지 않았다. 무릇 백제와 신라의 풍속에 죽은 사람이 있을 때 비록 부모·형제·부부·자매라 할지라도 영원히 스스로 (식장을) 지키지 않는다. 이로써 보건대 자애롭지 못함이 심하니 어찌 짐승과 다르겠는가.

무인(戊寅) 교기가 그의 아내와 자식을 데리고 백제대정가(百濟大井家)에 이사를 갔다. 이어 사람을 보내 아들을 석천(石川)에 장사지냈다.

― 대좌평 지적의 사행

(7월) 을해(乙亥) 백제 사신 대좌평 지적 등을 조정에서 향응하였다.[어떤 책에는 "백제 사신 대좌평 지적과 아들 달솔(이름이 빠졌다), 은솔 군선(軍善)"이라 기록되었다.] 이에 건강한 아이에게 명하여 교기 앞에서 씨름을 하게 하였다. 지적 등은 연회를 마치자 물러나면서 교기 앞에서 절을 하였다.

(8월) 을축(己丑) 백제의 참관 등이 일을 마치고 돌아가자 큰 배와 동

선(同船) 3척을 주었다. 이 날 밤중에 서남 방향 구석에서 천둥 소리가 울렸고 바람이 불고 비가 왔다. 참관 등이 탄 선박이 해안에 부딪쳐 부서졌다.

병신(丙申) 백제의 볼모 달솔 장복(長福)에게 소덕(小德)의 관위를 주었다. 사신의 중간급 이하에게는 관위 1급을 주었으며, 물건도 각각 차등 있게 주었다.

무술(戊戌) 백제 참관 등에게 배를 주어 떠나보냈다.

— 백제와 신라 사신의 귀환

기유(己酉) 백제와 신라 사신이 일을 마치고 돌아갔다.

— 백제대사의 조영과 선박 축조

(9월) 을묘(乙卯) 천황이 대신에게 조칙을 내려 "짐이 커다란 절을 짓고자 하니 마땅히 근강(近江)과 월(越) 지역의 장정들을 징발하라"고 하였다.[백제대사(百濟大寺)이다.] 또 여러 나라에 부과하여 선박을 만들게 하였다.

○ 2년(643) : 백제 의자왕 3년

— 난파의 백제 사신 객사 화재

(3월) 난파의 백제 사신 객사와 백성의 집에 불이 났다.

— 백제 왕자 교기와 사행

(여름 4월) 경자(庚子) 축자의 대재(大宰)에서 (급히) 말을 달려 아뢰길 "백제 국왕의 아들 교기와 아우 왕자가 함께 조공 사절로 왔습니다"라

고 하였다.

(6월) 신축(辛丑) 백제의 조공을 바치는 배가 난파진에 이르렀다.

(7월) 신해(辛亥) 수 명의 대부를 난파군에 보내 백제국의 조와 바치는 물건을 검사하였다. 이에 대부가 조공 사신에게 물어 "그대 나라가 진상한 조는 예전에 비해 조금 모자란다. 대신에 보내는 물건은 지난 해 돌려보낸 내용과 다르지 않으며, 여러 경들에게 보내는 물건 또한 전혀 가지고 오지 않았다. 모두 전례에 어긋나니 어찌된 것인가"라고 하였다. 대사인 달솔 자사(自斯), 부사인 은솔 군선이 모두 물음에 답하여 "지금 갖추도록 하겠습니다"라고 하였다. 자사는 볼모인 달솔 무자의 아들이다.

― 백제 태자 여풍의 양봉

이 해 백제 태자 여풍(餘豊)이 벌통 4개를 가져와 삼륜산(三輪山)에 놓아 길렀으나 끝내 번식에 실패하였다.

16. 효덕천황(孝德天皇)

○ 대화(大化) 원년(645) : 백제 의자왕 5년

― 백제 사신에게 임나의 조를 바치게 함

가을 7월 고구려와 백제, 신라가 함께 사신을 보내 조(調)를 바쳤다. 백제의 조공 사신이 임나의 사신을 겸하여 임나의 조를 바쳤다. 오직 백제의 대사인 좌평 연복(緣福)만이 병이 나 (난파)진의 객사에 머물며 수도에 들어오지 않았다. (중간 생략) 또 백제 사신에게 조칙을 내려 "명신어우일본천황(明神御宇日本天皇)의 조칙은 다음과 같다. 처음 우리의 먼 조상 때에 백제국을 내관가로 삼았으니 마치 세 줄로 엮은 그물과 같았다. 중간에 임나국을 백제에 속하게 해주었고, 후에는 삼륜율외군동인(三輪栗隈君東人)을 보내 임나국의 경계를 관찰하게 하였다. 이런 까닭에 백제왕이 조칙에 따라 그 경계를 다 보았으면서도 조를 빠뜨린 것이 있었다. 그래서 그 조를 돌려보냈던 것이다. 임나에서 나는 물건은 천황이 분명하게 살펴보아야 하니 지금 이후로 나라의 사정과 그 곳에서 나는 조를 빠짐없이 적어야 한다. 그대 좌평 등은 얼굴도 바뀌지 않고 왔으니 빨리 분명한 대답을 하라. 지금 삼륜군동인, 마사조(馬飼造)를 거듭 보내는 바이다"라고 하였다. 또한 조칙을 내려 "귀부(鬼部) 달솔 의사(意斯)의 아내와 자식들을 보낸다"라고 하였다.

— 왜의 불교 융성과 10사의 임명

8월 사신을 대사(大寺)에 보내 승려들을 불러 모아 조치은 다음과 같이 내렸다. "기성도궁어우천황(磯城嶋宮御宇天皇; 흠명천황) 13년(552)에 백제의 명왕(성왕)이 우리 대왜(大倭)에 불교를 전해 주었다. 이 때 군신들이 모두 전수받는 것을 달가워하지 않았으나 소아도목숙녜만이 그 법을 믿었다. 천황은 이에 도목숙녜에게 조칙을 내려 그 법을 받들게 하였다. 역어전궁어우천황(譯語田宮御宇天皇; 민달천황) 때에 소아마자숙녜가 선친의 뜻을 따라 능히 자애로운 가르침을 존중하였으나 나머지 신하들은 믿지 않아 그 법이 거의 소멸되었다. 천황은 마자숙녜에게 조칙을 내려 그 법을 받들게 하였다. 소간전궁어우천황(小墾田宮御宇天皇; 추고천황)이 다스리던 시기에 마자숙녜가 천황을 위해 장육수상(丈六繡像)과 장육동상(丈六銅像)을 만들고 불교를 널리 알렸으며, 승려들을 공경하였다. 짐은 다시 올바른 가르침을 숭상하고 큰 도리를 널리 펼 것을 생각하였다. 그러므로 사문(沙門; 불법을 닦는 사람) 박대법사(狛大法師), 복량(福亮), 혜운(惠雲), 상안(常安), 영운(靈雲), 혜지(惠至)[사주(寺主)], 승민(僧旻), 도등(道登), 혜린(惠隣), 혜묘(惠妙)를 10명의 스승으로 삼는다. 특히 혜묘법사를 백제사의 사주로 삼으니 이 10사들은 마땅히 여러 승려들을 가르치고 인도하여 석가의 가르침을 법과 같이 수행해야 한다. 대개 천황으로부터 반조(伴造)에 이르기까지 세울 절을 짓지 못할 때는 짐이 모두 지을 수 있도록 도와주겠다. 지금 절의 관리와 절의 주지를 임명하니 여러 절을 순행하여 승려와 노비, 전답의 실제를 파악하여 모두 아뢰도록 하라"고 하였다. 곧 내목신(來目臣), 삼륜색부군(三輪色夫君), 액전부련생(額田部連甥)을 법두(法頭)로 삼았다.

○ 대화 2년(646) : 백제 의자왕 6년
― 고구려 · 백제 · 임나 · 신라의 조공
2월 고구려와 백제, 임나, 신라가 함께 사신을 보내 조와 세를 바쳤다.

○ 대화 4년(648) : 백제 의자왕 8년

— 삼한에 학문승 유학

삼한[삼한은 고구려와 백제, 신라를 말한다]에 학문승을 보냈다.

○ 백치(白雉) 원년(650) : 백제 의자왕 10년

— 흰 꿩의 출현

2월 무인(戊寅) 혈호국사(穴戶國司) 초벽련추경(草壁連醜經)이 흰 꿩을 바치며 "국조수(國造首)와 같은 혈족인 지(贄)가 정월 9일 마산(麻山)에서 잡았습니다"라고 말하였다. 이에 백제군에게 자문하니 백제군이 "후한 명제(明帝) 영평(永平) 11년(68) 흰 꿩이 보였다는 기록이 있습니다"라고 말하였다. 또 사문들에게 물으니 사문들이 대답하여 말하길 "귀로 듣지도 못하였고, 눈으로 본 적도 없습니다. 마땅히 천하에 죄 짓는 자들을 용서해 주어 민심을 기쁘게 하십시오"라고 하였다. 도등(道登) 법사는 "옛날 고구려가 절을 짓고자 하여 살펴보지 않은 땅이 없었는데 마침 한 곳에서 흰 사슴이 천천히 걸어가고 있었습니다. 드디어 그 땅에 절을 지어 '백록원사(白鹿薗寺)'라 불렀고, 불법을 머물게 하였습니다. 또 흰 참새가 한 절의 논밭에 나타나자 나라사람들이 모두 '좋은 징조이다'라고 하였습니다. 또 대당(大唐)에 보냈던 사신이 죽은 삼족오(다리가 세 개 달린 새)를 가져오니 나라사람들이 모두 '좋은 징조이다'라고 하였습니다. 이것들은 비록 미미하여도 오히려 상서로운 신물이라 말하는데, 하물며 흰 꿩이야(말할 필요가 있겠습니까)"라고 말하였다.
　- 흰 꿩의 출현을 기념한 국가행사 거행
　갑신(甲申) 조정의 의장 행렬이 원단(元旦)에서 행하는 조회 의례와 같았다. 좌우 대신과 백관들이 자문(紫門) 바깥에서 4열로 섰다. 속전신반충(粟田臣飯蟲) 등 4명에게 꿩을 태운 수레를 잡고 앞으로 나가게 했다. 좌우 대신은 이에 백관 및 백제군 풍장, 그 아우인 색성(塞城), 충승(忠勝), 고구려의 주치의 모치(毛治), 신라의 시학사(侍學士) 등을 거느리고 궁정의 뜰에 이르렀다.
　- 백제와 신라의 조공
　여름 4월 신라가 사신을 보내 조를 바쳤다.[어떤 책에는 "이 천황 때에 고구려와 백제, 신라 삼국이 매년 사신을 보내 바쳤다"라고 이른다.]

○ 백치 2년(651) : 백제 의자왕 11년
여름 6월 백제와 신라가 사신을 보내 조와 물건을 바쳤다.

○ 백치 3년(652) : 백제 의자왕 12년
이 달 (중간 생략) 신라와 백제가 사신을 보내 조와 물건을 바쳤다.

○ 백치 4년(653) : 백제 의자왕 13년
6월 백제와 신라가 사신을 보내 조와 물건을 바쳤다.

○ 백치 5년(654) : 백제 의자왕 14년

가을 7월 서해사(西海使) 길사장단(吉士長丹) 등이 백제・신라에서 보낸 사신과 함께 축자에 이르렀다.

― 고구려・백제・신라의 조문

이 해 고구려와 백제, 신라 모두 사신을 보내 조문하였다.

17. 제명천황(齊明天皇)

○ 원년(655) : 의자왕 15년

― 백제의 대규모 조공 사절

가을 7월 난파의 조정에서 북하이(北蝦夷)[북월(北越)] 99명, 동하이[동육오(東陸奧)] 95명을 향응하였다. 아울러 백제의 조공 사신 150명에게도 (향응을) 베풀었다.

이 해 고구려와 백제, 신라가 함께 사신을 보내 조를 바쳤다.[백제(시신)는 대사 서부 달솔 여의수(余宜受), 부사 동부 은솔 조신인(調信仁) 등 무릇 100여 명이었다.]

○ 2년(656) : 백제 의자왕 16년

― 비조궁 터 확정과 왜 서해사의 백제로부터 귀환

이 해 비조(飛鳥)의 강본(岡本)에 다시 궁터를 정했다. 이 때 고구려와 백제, 신라가 함께 사신을 보내 조를 바쳤고, 이 때문에 이 궁터에 감색

장막을 쳐 향응하였다. (중간 생략) 서해사 좌백련고승(佐伯連栲繩), 소산하(小山下) 난파길사국승(難波吉士國勝) 등이 백제로부터 돌아와 앵무새 1쌍을 바쳤다.

○ 3년(657) : 백제 의자왕 17년
– 신라의 사신 파견 도움 거절과 서해사의 백제로부터 귀환

이 해 사신을 신라에 보내 "사문 지달(智達)·간인련어구(間人連御廐)·의망련치자(依網連稚子) 등을 그대 나라의 사신에 딸려 대당에 보냈으면 한다"고 말하였다. 신라는 보내는 것을 허락하지 않았다. 이로 말미암아 사문 지달 등이 돌아왔다. 서해사 소화하(小花下) 아담련협수(阿曇連頰垂), 소산하 진신구루(津臣傴僂)가 백제로부터 돌아와 낙타 1마리, 당나귀 2마리를 바쳤다.

○ 4년(658) : 백제 의자왕 18년
– 백제 멸망의 조짐

이 해 (중간 생략) 출운국(出雲國)에서 말하길 "북쪽 해안가에 물고기가 죽어 쌓이니 두께가 3척쯤 된다. 그 크기는 복어와 같고 참새같은 부리와 바늘같은 비늘을 가졌으며, 비늘의 길이는 수 촌 남짓하다. 떠도는 말에 '참새가 바다에 들어가 변해 물고기가 되었다'고 하며, 작어(雀魚)라 부른다.[어떤 책에는 "경신년(660년) 7월 백제에서 사신을 보내 아뢰길 '대당과 신라가 힘을 합쳐 우리나라를 정벌하여 이미 의자왕

과 왕후, 태자를 붙잡아 갔다'고 하였다. 이로 말미암아 나라 병사들이 서북 경계에 진을 치고 성책을 수리하며 산천을 막을 태세였다"라고 이른다.] 또한 서해사 소화하 아담련협수가 백제로부터 돌아와 말하길 "백제가 신라를 정벌하고 철수하였다. 이 때 말이 스스로 절의 금당을 쉬지 않고 밤낮으로 걸으며, 오직 풀을 먹을 때만 멈추었다[어떤 책에는 "경신년에 이르러 적에게 멸망당할 조짐이었다"라고 이른다]"라고 하였다.

○ 5년(659) : 백제 의자왕 19년
− 왜의 당나라 사신 파견과 억류

가을 7월 소금하(小錦下) 판합부련석포(坂合部連石布), 대선하(大仙下) 진수련길상(津守連吉祥)을 당나라에 사신으로 보냈다. 이에 도오하이(道奧蝦夷)의 남녀 2명을 당 천자에 보였다.[이길련박덕서(伊吉連博德書)에 말하길 "같은 천황의 때에 소금하 판합부석포련, 대산하(大山下) 진수길상련 등이 배 2척으로 오당(吳唐)의 길로 사행을 갔다. 기미(己未)년 7월 3일 난파의 삼진포(三津浦)로부터 출발하였다. (중간 생략) 일을 마친 후 (당 황제가) 조칙을 내려 '우리는 내년에 반드시 해동(海東)을 정벌할 것이다. 그대 왜 사신은 동쪽으로 돌아갈 수 없다'고 하였다. 마침내 서경(西京)에 숨겨 특별한 곳에 가두었다. (중간 생략)"라고 하였다.]

○ 6년(660) : 백제 의자왕 20년

― 백제 멸망의 징조

이 달 (중간생략) 또한 온 나라의 백성들이 까닭없이 무기를 가지고 길을 왔다갔다 하였다.[나라의 노파가 말하길 "백제가 나라를 잃을 현상이다"라고 하였다.]

― 백제 멸망과 이유, 백제 지배층의 압송과 억류된 왜 사신의 귀환

가을 7월 고구려 사신 을상하취문(乙相賀取文) 등이 일을 마치고 돌아갔다. (중간 생략) [고구려 사문 도현(道顯)의 『일본세기(日本世記)』에 "7월에 이르되 춘추지(春秋智)가 대장군 소정방(蘇定方)의 손을 빌려 백제를 협공하여 멸망시켰다"라고 하였다. 혹은 "백제가 스스로 망하였다. 임금의 대부인(大夫人)인 요사스러운 여자가 무도하여 나라의 권력을 잡고 함부로 하여 어질고 선량한 사람을 죽인 까닭에 이 재난을 불렀다. 삼가지 않겠는가. 삼가지 않겠는가"라고 하였다. 그 주석에 "신라의 춘추지가 내신 개금(蓋金; 연개소문)에게서 원함(백제의 정벌)을 얻지 못하여 당에 사신으로 가 원래의 옷차림을 버리고 천자를 따를 것을 청하여 이웃 나라에 화를 일으키고, 그 의도하는 바를 행하였다"라고 이른다. 이길련박덕서에 이르되 "경신(庚申)년 8월 백제를 이미 평정한 후 9월 12일 사신을 우리나라로 추방하여 19일 서경으로부터 출발하여 10월 16일 돌아와 동경에 이르러 비로소 이리마(阿利麻) 등 5명을 볼 수 있었다. 11월 1일 장군 소정방 등이 붙잡은 백제왕 이하 태자 륭(隆) 등 여러 왕자 13명, 대좌평 사택천복(沙宅千福)·국변성(國辨成) 이

오사카부에 있는 백제왕신사

하 37명 등 모두 50여 명을 데리고 조정에 바쳤다. 급히 인도하여 천자에게 나아가니 천자는 은혜로운 조칙을 내려 그 자리에서 풀어 주었다. 19일 (전쟁에 공이 있는 자에게) 노고를 치하하였다. 24일 동경으로부터 출발하였다"라고 하였다.]

— 백제 부흥운동의 시작

9월 백제에서 달솔[이름이 없다], 사미각종(沙彌覺從) 등을 보내와서 다음과 같이 아뢰었다.[어떤 책에는 '도망해 와서 어려움을 알렸다'라고 이른다.] "금년 7월 신라가 힘을 믿고 세력을 키워 이웃나라와 화목하지 않고 당나라 사람을 끌어들여 백제를 멸망시켰다. 임금과 신하가 모두 사로잡히고, 백성들도 거의 없게 되었다.[어떤 책에는 '금년 7월 10일 대당 소정방이 수군을 이끌고 미자진(尾資津)에 병영을 설치하였다. 신라왕 춘추지도 병마를 거느리고 노수리산(怒受利山)에 병영을 설치하여 백제를 협공하니 서로 3일간 싸워 우리 왕성을 함락시켰다. 같은 달 13일 비로소 왕성을 격파하니 노수리산은 백제의 동쪽 경계이다'라고 이른다.] 이에 서부 은솔 귀실복신(鬼室福信)이 분연히 떨쳐 일어나 임사기산(任射岐山)에 웅거하고[어떤 책에는 '북임서리산(北任敍利山)'이라 한다], 달솔 여자진(餘自進)은 중부 구마노리성(久麻怒利城)[어떤 책에는 '도도기류산(都都岐留山)'이라 한다]에 웅거하여 각각 한 곳에 군영을 설치하고 흩어진 군사를 불러 모았다. 무기가 이전의 전투 때 소진된 까닭에 막대기만을 가지고 싸워 신라군을 격파하고, 백제는 그 무기를 탈취하였다. 조금 후 백제의 군사가 날쌔져 당이 감히 들어오지 못하였다. 복신 등은 같은 나라사람들을 모아 함께 왕성을 지켰다. 나라사람들이 존경하여 말하길 '좌평 복신, 좌평 자진'이라 하였다. 오직 복신만이 놀랄만한 전력을 만들어 이미 망한 나라를 일으켰다."

― 복신의 구원 요청과 왜의 수락

겨울 10월 백제의 좌평 귀실복신이 좌평 귀지(貴智) 등을 보내와서 당포로 100여 명을 바쳤는데, 지금의 미농국(美濃國) 불파(不破)와 편현(片縣) 2군의 당나라 사람들이다. 아울러 구원을 요청하였다. 또한 왕자 여풍장을 청하며 말하길[어떤 책에는 '좌평 귀지, 달솔 정진(正珍)'이라 이른다] "당나라 사람들이 벌레같은 적(신라)을 이끌고 와서 우리 국토를 흔들고 우리 사직을 뒤엎으며, 우리의 임금과 신하를 사로잡았습니다.[백제왕 의자, 그 처 은고(恩古), 그 자식 륭 등, 신하인 좌평 천복·국변성·손등(孫登) 등 무릇 50여 명이다. 가을 7월 13일 소장군에게 붙잡혀 당나라로 보내졌다. 아마 이는 까닭없이 무기를 들고 다닌 징험이 아닌가.] 그러나 백제국은 멀리서 천황께서 지켜주시는데 힘입어 다시 (백성을) 모아 나라를 이루게 되었습니다. 바야흐로 이제 삼가 천황을 모시기 위해 백제국에서 보낸 왕자 풍장을 맞이하여 나라의 임금으로 삼기를 원합니다"라고 하였다. 조칙을 내려 "구원을 요청하는 것은 전부터 들었다. 위태로울 때 돕고 끊어진 것을 잇는 것은 (만고의 진리로) 어느 법전에나 분명하게 보인다. 백제국이 곤궁해져 우리에 귀의하였으며, 자기 나라에 극심한 어려움이 있으나 의지할 곳도 알릴 곳도 없었다. 창을 베개 삼고 쓸개를 핥으며, 반드시 구원해 달라고 멀리서 와서 표문을 올려 아뢰니 뜻을 거두기가 어렵다. 장군들에게 각각 명하니 여러 길로 함께 전진하라. 구름처럼 모이되 번개처럼 움직여 함께 사탁(沙喙; 신라)에 모여 악한 무리들의 목을 자르고, 저 위태한 나라(의 어려움)를 풀어주어라. 마땅히 유사(有司)들은 함께 참여하여 예를 갖추고 출발시켜 보내라"고 하였다[왕자 풍장 및 처자, 그 숙부 충승 등을 보냈다. 그들이 출발하여 보내졌을 시기는 7년(조)에 보인다. 어떤 책에는 "천황이 풍장을 세워 왕으로 삼았고, 색상을 보좌로 삼아 예를 갖

추고 출발하여 보냈다"라고 이른다.]

− 천황의 백제 구원을 위한 난파궁 행차와 구원 준비

12월 천황이 난파궁에 행차하였다. 천황은 복신이 요청한 뜻을 좇아 축자에 행차하여 구원군을 보내리라 생각하고, 처음 이 곳에 행차하여 여러 군수물자를 준비하였다.

− 백제 구원군의 패배 조짐

이 해 백제를 위해 장차 신라를 정벌하려고 준하국(駿河國)에 배를 만들라는 조칙을 내렸다. 이를 완성한 후 속마교(續麻郊)까지 끌고 왔을 때, 그 배가 밤중에 아무 까닭없이 뱃머리와 꼬리가 서로 뒤집어졌다. 대중들은 마침내 (전쟁에) 패할 것을 알았다. 과야국(科野國)에서 말하길 "파리떼가 서쪽으로 향해가며 거판(巨坂)을 지나 날아갔는데, 크기가 10아름(다섯 치의 둘레)쯤 되고, 높이는 하늘까지 이르렀다"라고 하였다. 어떤 사람들은 구원군이 패할 조짐이라는 것을 알았다.

○ 7년(661) : 백제부흥운동 2년

− 백제부흥군의 규해(풍장) 귀국 요청

여름 4월 백제 복신이 사신을 보내 표문을 올려 "왕자 규해(糺解)[승려 도현(道顯)의 『일본세기』에는 "백제 복신이 서신을 바치며 그 임금 규해를 동조(東朝; 왜)에서 구했다"라고 기록되었다. 어떤 책에는 "4월 천황이 조창궁(朝倉宮)으로 옮겼다"라고 이른다]를 맞이하기를 청하였다.

― 탐라의 조공

5월 탐라(耽羅)가 비로소 왕자 아파기(阿波伎) 등을 보내 공물을 바쳤다.

― 제명천황의 죽음

11월 천황이 돌아가시어 비조의 천원(川原)에 빈소를 마련하였다. (중간 생략) [『일본세기』에 "11월 복신이 사로잡은 당나라 사람 속수언(續守言) 등이 축자에 이르렀다"라고 이른다. 어떤 책에는 "신유(辛酉)년 백제의 좌평 복신이 바친 당 포로 106명을 근강국 간전(墾田)에 살게 하였다"라고 이른다. 경신(庚申)년에 이미 복신이 당의 포로를 바쳤다고 일렀기 때문에 지금 주(注)로 하였으니 결정하라.]

18. 천지천황(天智天皇)

○ 즉위 전기(661년) : 백제부흥운동기 2년

― 백제 구원군의 파견

8월 전장군(前將軍) 대화하(大花下) 아담비라부련 소화하 하변백지신(河邊百枝臣) 등과 후장군(後將軍) 대화하 아배인전비라부신(阿倍引田比邏夫臣), 대산상(大山上) 물부련웅(物部連熊), 대산상 수군대석(守君大石) 등을 보내 백제를 구원하게 하였다. 이에 병장기와 다섯 가지 곡식을 보냈다.[어떤 책에는 이 끝부분을 이어 "별도로 대산하 협정련빈랑(狹井連檳榔), 소산하 진조전래진(秦造田來津)에게 백제를 수호하게 하

였다"라고 이른다.]

― 황태자의 백제왕 임명과 풍장의 귀국

9월 황태자가 장진궁(長津宮)에 행차하여 베로 짠 관을 백제왕자 풍장에게 주었다. 다시 다신장부(多臣蔣敷)의 누이를 아내로 삼게 하였다. 이어 대산하 협정련빈랑, 소산하 진조전래진을 보내 군사 5천여 명을 이끌고 본국으로 호송하였다. 이에 풍장이 나라에 들어갈 때 복신이 맞이하러 와서 머리를 조아리고, 나라와 조정을 모두 맡기었다.

― 백제 부흥군에 고전하는 신라

12월 고구려가 말하기를 (중간 생략) [승려 도현이 이르되 "춘추의 뜻으로 말하면 고구려를 바로 세우는 것이었는데, 먼저 백제를 공격하였다. 근자에 백제의 침략이 잦아 고통이 심한 까닭에 그러한 것이다"라고 하였다.]

― 일본의 구원병과 백제·고구려 멸망의 징조

이 해 (중간 생략) 또 일본에서 고구려를 구원하러 간 군의 장수들이 백제의 가파리(加巴利)의 해안에 정박하여 불을 피웠다. 재로 변하며 틈이 생겨 미미한 소리가 났는데, 화살이 날아가면서 우는 소리와 같았다. 어떤 사람이 말하길 "고구려와 백제가 끝내 망할 징조인가"라고 하였다.

○ 원년(662) : 백제부흥운동기 3년

― 백제 부흥군에 대한 지원

봄 정월 백제의 좌평 귀실복신에게 화살 10만 개, 명주 500근, 솜 1,000근, 포 1,000단, 가죽 1,000장, 볍씨 3,000곡을 주었다.

3월 백제왕에게 포 300단을 주었다.

― 신라의 고구려 정벌과 백제 및 고구려 구원

이 달 당인과 신라인이 고구려를 정벌하였다. 고구려가 우리나라에 구원을 요청하므로 병사와 장수를 보내 소류성(疏留城; 주류성)에 웅거하게 하였다. 이로 말미암아 당인이 그 남쪽 경계를 침략할 수 없어, 신라는 그 서쪽 보루를 옮겼다.

― 풍장의 귀국과 왕 임명

5월 대장군 대금중(大錦中) 아담비라부련 등이 수군 170척을 이끌고 풍장 등을 백제국에 호송하였다. 조칙을 내려 "풍장 등에게 왕위를 잇게 한다. 또한 복신에게 금책(金策)을 주어 그 수고로움을 위무하며 관작과 녹봉을 상으로 준다"라고 하였다. 이 때 풍장 등은 복신과 더불어 머리를 조아리고 조칙을 받으니 사람들이 눈물을 흘렸다.

― 백제 부흥군의 조공

6월 백제에서 달솔 만지(萬智) 등을 보내 조를 진상하고 물건을 바쳤다.

― 백제 부흥군의 수도 천도와 반대 의견

겨울 12월 백제왕 풍장과 그 신하인 좌평 복신 등이 협정련(狹井連)[이름이 빠졌다] · 박시전래진(朴市田來津)과 더불어 의논하기를 "이 주류는 농토와 멀리 떨어져 있고, 토지가 척박하여 농사와 뽕나무를 심을 곳이 아니며 싸움을 막기 위한 장소이다. 이곳에서 오래 머문다면 백성들은 굶어죽을 것이니 지금 피성(避城)으로 옮기는 것이 좋을 듯하다. 피성은 서북으로 고련단경(古連旦涇)의 물이 띠처럼 둘러 있고 동남으로는 깊은 늪과 커다란 방죽이 막아주는 곳에 있어 주변에 밭이 에워싸는 형세다. 도랑을 터트리면 물이 쏟아져 꽃과 열매에서 맺은 결실물은 삼한에서 가장 비옥할 것이며, 옷과 음식의 자원이 하늘과 땅 사이 숨어 있는 곳이다. 비록 지형이 낮다 하나 어찌 옮기지 않겠는가"라고 말하였다. 이에 박시전래진이 홀로 나아가 간하여 말하길 "피성과 적이 있는 곳과의 거리는 하룻밤이면 갈 수 있어 매우 가까우니 만약 뜻하지 않는 일이 생기면 후회해도 소용이 없습니다. 무릇 배고픔은 뒤이고, 망하는 것이 먼저입니다. 지금 적들이 함부로 오지 않는 까닭은 주류가 산이 험한 곳에 설치되어 방어를 다할 수 있으며, 산이 매우 높고 계곡이 좁아 지키기 쉽고 공격하기 어렵기 때문입니다. 만약 낮은 땅에 있으면 얼마나 견고하게 흔들리지 않는 것이 지금에 미치겠습니까"라고 하였다. 마침내 간하는 말을 듣지 않고 피성에 도읍하였다.

─ 백제 부흥군의 구원 준비

이 해 백제를 구원하기 위하여 무기를 수리하고 선박을 갖추고 군량미를 쌓아 두었다.

○ 2년(663) : 백제부흥운동기 4년

− 신라의 공세와 피성에서 주류성으로 천도

봄 2월 백제에서 달솔 김수(金受) 등을 보내 조를 바쳤다. 신라인이 백제의 남쪽 경계 4주를 불사르고 아울러 안덕(安德; 덕안성) 등 요충지를 차지하였다. 이에 피성이 적과의 거리가 가깝기 때문에 형세상 머물 수 없어 주류에 돌아왔으니 전래진이 헤아린 것과 같았다.

− 복신의 조공

이 달 좌평 복신이 당의 포로 속수언 등을 진상하여 보냈다.

− 왜 구원군의 신라 공격

3월 전장군 상모야군치자(上毛野君稚子)·간인련대개(間人連大蓋), 중장군 거세신전신역어(巨勢神前臣譯語)·삼륜군근마려(三輪君根麻呂), 후장군 아배인전신비라부(阿倍引田臣比邏夫)·대택신겸병(大宅臣鎌柄)이 27,000명을 거느리고 신라를 공격하였다.

− 백제 부흥군의 내분과 복신의 처형

여름 5월 견상군(犬上君)[이름이 빠졌다]이 고구려에 달려가 군사에 관한 일을 알리고 돌아와 석성(石城)에서 규해를 알현하였는데, 규해가 복신의 죄를 말하였다.

6월 전장군 상모야군치자 등이 신라의 사비기노강(沙鼻岐奴江) 2성을 취하였다. 백제왕 풍장은 복신이 모반하려는 마음을 가졌다고 의심하여 손바닥을 뚫어 가죽으로 묶었다. 이 때 스스로 결정하기 어려워 어찌할지 몰랐다. 이에 여러 신하들에게 물어 "복신의 죄가 이미 이와 같으니 참수하는 것이 좋은가 아닌가"라고 하였다. 이에 달솔 덕집득(德執得)이 말하길 "이 악독한 역적은 풀어줄 수 없다"라고 하였다. 복신이 집득에게 침을 뱉으며 "썩은 개와 같은 미치광이 놈"이라 말하였다. 왕은 건강한 장정을 시켜 참수하여 머리를 소금에 절였다.

– 백촌강 전투와 일본 구원군의 패배, 풍장의 고구려 망명

가을 8월 갑오(甲午) 신라는 백제왕이 자기의 훌륭한 장수를 참수하였으므로, 곧장 그 나라에 들어가 먼저 주류를 취할 것을 도모하였다. 이에 백제는 적의 계책을 알고 여러 장군들에게 일러 말하길 "지금 듣건대 대일본국의 구원군 장수 여원군신(廬原君臣)이 건강한 장정 만여 명을 이끌고 곧장 바다를 건너 이르렀다 한다. 여러 장군들은 호응하여 미리 도모해주길 바란다. 나도 백촌(白村)에 직접 가서 기다려 향응하고자 한다"라고 하였다.

무술(戊戌) 적의 장수가 주류에 이르러 왕성을 둘러쌌다. 대당군(大唐軍)의 장수도 전선 170척을 이끌고 백촌강에 열을 지어 진을 쳤다.

무신(戊申) 일본 수군 중 처음 이른 자들이 대당 수군과 만나 싸웠다. 일본은 (전세가) 이롭지 못하여 퇴각하고, 대당은 견고하게 진을 치고 지켰다.

기유(己酉) 일본의 여러 장수와 백제왕이 기상을 살피지 않고 서로 일러 말하길 "우리들이 다투어 앞서 나가면 그들은 응당 스스로 물러날 것이다"라고 하였다. 곧 일본의 어지러운 대오와 중군의 병졸들을 이끌고 나가 견고하게 진을 치고 있는 대당의 군대를 공격하였다. 대당은

다시 좌우로부터 전선을 협공하여 에워싸니 잠시 동안 관군이 연속으로 패하여 물에 빠져 죽은 자가 많았고, 배의 머리와 뒤축을 돌릴 수 없었다. 박시전래진은 하늘을 우러러 맹서하고 이를 갈면서 성을 내지르며 수십 명을 죽이고 전사하였다. 이 때 백제왕 풍장은 수 명과 함께 배를 타고 고구려로 도망갔다.

– 주류성의 항복과 백제 유민의 일본 망명

9월 정사(丁巳) 백제 주류성이 비로소 당에 항복하였다. 이 때 나라사람들이 서로 일러 말하길 "주류가 항복하였으니 사태를 어찌 할 수 없구나. 백제의 이름이 이제 끊기니 (조상의) 무덤이 있는 곳에 어찌 다시 갈 수 있겠는가. 다만 호례성(弖禮城)에 가서 일본군의 장수들을 만나 서로 상황 수습에 필요한 것을 도모하는 것이 좋을 듯하다"라고 하였다. 드디어 본래부터 침복기성(枕服岐城)에 있는 처자들에게 나라를 떠나려는 마음을 알리게 하였다.

신유(申酉) 모호(牟弖)로 여정을 출발하였다.

계해(癸亥) 호례에 이르렀다.

갑술(甲戌) 일본 수군과 좌평 여자신, 달솔 목소귀자(木素貴子)·곡나진수(谷那晋首)·억례복류(憶禮福留)가 국민들과 함께 호례성에 이르렀다. 다음 날 배를 출발하여 비로소 일본으로 향하였다.

중국정사(中國正史) 백제전(百濟傳)에 대한 이해

1. 중국정사에 백제 관련 기사가 왜 기록되었을까

 중국에서는 일찍부터 많은 역사책이 발간되었다. 그 중에서도 정사라 함은 국가에서 공인된 역사서를 말하며, 대체로 25종류가 정사로 인정 받고 있다. 한 왕조가 멸망한 이후 많은 종류의 역사서가 간행되어 통용되었지만 뒤를 이은 왕조가 자기 나라 건국의 정당성을 부여하기 위하여 체계적인 역사 서술에 관여한 경우가 많았다. 따라서 공식적으로 사서(史書)를 발간한 경우 사적으로 편찬한 사서에 비하여 정책적인 지원을 많이 받았기 때문에 그 완성도가 높았고 보급과 보존 등 여러 면에서 다른 사서에 비하여 여건이 좋았다. 또한 완성도가 높은 개인이 편찬한 사서가 후에 정사로서의 가치가 인정된 경우도 있다. 한편으로 국가의 공식 입장과 다른 사서를 개인이 편찬한 경우 의도적으로 훼손 되는 등 후대에 전승이 어려운 경우도 상정할 수 있다. 따라서 우리는 원하든 원치 않든 간에 국가에서 심혈을 기울여 편찬하거나 인정된 정사의 권위를 인정할 수밖에 없다.

 이와 같이 정사는 당대 최고의 학자와 국가의 전폭적인 지원에 의하여 편찬되었지만 국가 건립의 정당성을 부여하기 위한 의도적인 목적이 강하기 때문에 왕조 중심 사관이라는 비판에 직면하기도 한다. 다시 말하면 자기의 입장이 강하기 때문에 다른 입장을 무시한 일방적인 관점이 존재할 수 있다는 점이다. 따라서 우리는 중국정사를 접할 때 중국 왕조의 시각이라는 점을 항상 명심하고 이 자료에 접근해야 할 것이다.

 예를 들면 어떤 개인이 일상에서 중요한 사안이라고 판단하여도 다른 사람들이 대수롭지 않게 취급할 수도 있다. 국가의 입장도 마찬가지로 우리가 중요하다고 판단한 사건도 중국 측 입장에서 보면 기록될만한 사건이 아니어서 무시되거나 축소될 수도 있다. 또한 그 반대의 경우도 존재한다. 사건에 대한 인식의 편차뿐만 아니라 심지어는 완전히 다른 기록이 존재할 수도 있다. 오늘날 우리가 같은 일을 경험하면서도 일에 대한 생각이 다를 수 있는 것과 같다.

 이를 사서에 적용한다면 우리는 과연 어느 기록이 올바른가 하는 문제에 봉착한다. 이 경우도 우리의 일상과 비교하여 보자. 자신에 대해서는 자신이 잘 안다는 것이 일반적인 상식이다. 하지만 자신보다 이를 지켜본 다른 사람이 객관적인 평가를 할 수도 있다. 이처럼 기본적으로 국내 기록이 정확할 가능성이 많지만 제3자인 중국 측 기록이 객관성을 유지할 수도 있다. 따라서 백제 관련 자료를 접근할 때 중국사서와 상호 비교하는 것은 바로 이러한 객관성 측면에서 국내 자료를 보완해 줄 수 있기 때문이다.

 중국의 정사로 맨 먼저 언급되고 있는 사서는 『사기(史記)』이다. 이는 중국 한(漢)나라 무제(武帝) 때 사관이던 사마천(司馬遷)이 편찬한 사서이다. 사마천은 본기(本紀)와 열전(列傳)을 중심으로 역사를 서술하였는데, 우리나라에 관한 기록은 '조선열전'이라는 항목에 있다. 사마천이 중국의 역사만 서술한 것이 아니라 주변 나라인 우리나라의 역사까지 서술한 이유는 무엇일까. 이는 『사기』의 서술 방식이 왕을 중심으로 한 당대의 역사적 사건들을 기록하는 형식이며, 재위 기간에 주변 나라와의 관계가 중국에 영향을 미치고 있다고 판단하였기 때문이다. 이러한 시각 때문에 중국과 관련있는 주변 나라에 관한 내용을 기록하였고, 또한 그 기록도 중국과 이해관계가 있는 부분을 집중적으로 조망하였다. 그런데 같은 시기 주변 나라의 기록물이 전해지지 않은 경우가 많기 때문에, 『사기』의 기록은 거의 절대적이라 할 수 있다. 따라서 우리가 접하고 있는 기록도 중국의 시각이 많이 반영된 것이라는 점을 명심해야 한다. 이와 같은 『사기』의 주변 나라에 대한 서술은 이후의 사서에서도 계승되어 하나의 모범적인 사례가 되었다.

 중국을 중심으로 주변 나라의 역사를 서술하는 관점은 이후 사서에서도 그대로 계승되었을 뿐만 아니라, 더욱 체계적인 서술 방식을 모색하였다. 『삼국지(三國志)』를 편찬할 단계에서 우리나라에 관한 기록은 '동이전(東夷傳)'이라는 항목에 기록되었다. 이 '동이'라는 말은 '동쪽에 있는 오랑캐'라는 뜻이다. 이는 자기 나라를 제외한 다른 나라를 오랑캐로 보고 있는 중국 중심의 천하관이 반영된 것이다. 사실 '중국(中國)'이라는 나라 이름도 '가운데 나라' 혹은 '중심 국가'라는 의미이다. 이는 중국을 천하의 중심에 놓고, 우리나라를 그 동쪽에 있는 오랑캐 국가로 인식한 것을 나타내준다. 우리가 중국을 '중화민국(中華民國)'이라고 부를 때 이 '중화'라는 명칭도 중국적 천하관을 반영한 것이다. 오랑캐라는 의미의 '이(夷)'는 주변 나라에 대한 총칭이며, 번영하다는 의미의 '화(華)'는 중심되는 국가라는 자부심의 표현이다. 따라서 이를 '화이관(華夷觀)'이라고 부르고 있으며, 이러한 인식이 나라 이름에까지 반영된 것이다.

'화이관'은 당(唐)나라가 중국을 통일하고 주변 국가에 대한 복속을 강요하면서 보다 체계적인 역사 서술 방식으로 자리잡았다. 이는 중국 황제만이 천하를 다스리는 통치자이며, 모든 주변 나라의 왕은 황제에게서 통치를 위임받은 사람이라는 인식이 깔려 있다. 다시 말하면 황제가 실제적으로 모든 나라를 다스릴 수 없기 때문에 중국의 질서를 따르는 나라는 인정해주지만, 그렇지 않은 나라는 정벌을 시도하여 주변 나라에 조공과 책봉이라는 상하 관계를 강요한 것이다. 이러한 '천하일국(天下一國; 중국은 천하에 존재하는 오직 한 나라이다)' 관념은 당나라 때 편찬한 『진서(晉書)』단계에서 보다 뚜렷해진다. 이 때 천하를 중국 중심의 사방관념으로 이해하여 주변 나라의 역사를 '사이전(四夷傳)' 방식으로 구성한 것이다. 우리나라에 관한 기록은 사이관에 의하면 동쪽에 있는 나라이기 때문에 동이전에 속하였다.

이와 같이 우리나라에 관한 내용이 중국 역사서에 기록된 것은 우리나라를 비롯한 주변 나라의 동향이 중국에 영향을 미치고 있다는 인식에 기초한 것이다. 『사기』 단계에서는 국명을 열전의 한 항목으로 구성하였으나 『삼국지』 단계에서 처음 '동이열전'이라는 항목 속에 포함시켰으며, 『진서』 단계에서는 동이열전을 기초로 사방의 사이 개념을 고착화시켜 중국식 천하관의 체계화가 완성되어진 것이다. 이는 바로 중국이 주변 나라를 복속시켜 팽창한 시기와도 일치한다. 따라서 이러한 관점에서 비롯된 내용은 바로 중국의 이민족 정책과 밀접한 관련이 있기 때문에 조심스러운 접근이 필요하다.

2. 중국정사 백제전을 어떻게 이해해야 하나

백제가 존재한 시기는 국내 기록인 『삼국사기(三國史記)』에 의하면 B.C. 18년에서 A.D. 660년까지이다. 같은 시기에 존재한 중국 국가로는 후한(後漢)에서 당(唐)나라까지가 해당된다. 그런데 정사는 해당 국가가 멸망한 직후 편찬된 경우도 있지만 당나라 태종에서 고종 연간에 걸친 대대적인 국가사업으로 편찬된 경우도 있다. 따라서 반드시 국가의 존재 순서대로 기록이 되었다고 볼 수 없다.

그 대표적인 경우가 『후한서(後漢書)』와 『삼국지』이다. 후한시대는 삼국시대보다 앞서지만 그 편찬 시기는 『삼국지』가 앞선 것이다. 『삼국지』는 3세기 중·후반경 편찬되었으며, 『후한서』는 유송(劉宋) 시기에 시작하여 6세기인 양(梁)나라 때 완성되었기 때문이다. 이 때문에 오히려 『후한서』를 편찬할 때 『삼국지』를 참조한 경우를 볼 수 있다. 따라서 독자들은 중국 사서를 접할 때 반드시 앞선 시기가 빠른 기록이라는 선입관을 버리고, 그 편찬 시기와 편찬 목적에 주목하여야 할 것이다.

다음으로 백제와 관련해서 중국사서의 계보도 유념해야 한다. 중국 역사에서 후한이 219년 멸망하자 위(魏)·촉(蜀)·오(吳)나라가 경쟁한 삼국시대가 열렸다. 이 중에서 위나라가 가장 강대하였지만 265년 권신 사마염(司馬炎)이 왕위를 찬탈하여 진(晉)나라를 세운다. 그리고 진에 의해 천하는 통일된다. 하지만 진나라는 곧바로 북방 유목민족에게 침탈을 당하게 되고, 수도를 남쪽으로 옮기어 동진(東晉)을 건국하였다. 그러자 진나라 지역에는 북방 유목민족의 흥망성쇠가 이루어졌으니 다섯 오랑캐 종족이 16개 나라를 세웠다는 '5호 16국 시대'가 열린 것이다. 우리는 이 시기를 남쪽의 정통 왕조와 북쪽 왕조가 대립한 '남북조시대(南北朝時代)'라고 부르고 있다.

남쪽의 왕조로는 먼저 동진이 있었지만 이후 420년 유송이 대신하고, 남제(南齊)와 양으로 이어진다. 북쪽에서는 여러 나라의 난립을 수습한 북위(北魏)가 점차 주변 국가를 통합하지만 서위와 동위로 분열되었다가 우문호(宇文護)가 북주(北周)를 세우고, 고양(高洋)이 왕위를 찬탈하여 북제(北齊)를 세운다. 북쪽의 이민족 국가는 남쪽의 중국 정통 왕조에 비하여 세력 면에서 우위였지만 남조를 쉽사리 제압하지 못한다. 마침내 북제를 대신한 수(隋)나라에 이르러 천하가 통일된다. 하지만 수는 무리한 고구려 원정과 대운하 건설로 패망하고, 당나라가 대신한다. 이와 같이 중국에서 남북 왕조가 대립한 시기에 백제는 이들 나라와 관계를 맺었으며, 결국 중국 통일왕조인 당나라와 신라 연합군의 공격으로 멸망하게 된 것이다.

 남북조가 대립한 시기에 북조는 무력 면에서 우위였으나 반대로 남쪽 왕조는 중국 정통 왕조를 계승하였다는 면에서 그 정당성이 있었다. 그런데 외교는 실리적인 면과 명분론이 교차하는 양면성을 가졌다. 백제는 두 측면을 효과적으로 이용하여 주로 남조 국가와 교류하였으며, 북조 국가와는 실제적인 필요성에서 접근하였다. 그 대표적인 예로 이제까지 외교 관계가 없던 북위에 고구려 정벌을 요청하기 위한 사신을 파견한 경우를 들 수 있다.

 그런데 남조는 북조에 비해 백제와 활발한 교류를 한 관계로, 남조 계통의 사서는 사건에 관한 서술이 상대적으로 많았다. 교섭 기사 등 당대의 기사가 많은 것이다. 이에 비하여 북조 계통의 사서는 상태에 관한 서술이 많으며, 이는 바로 백제의 사정에 어두워 상대적으로 관심을 가졌던 것과 관련이 있을 듯하다. 그 나라에 대한 정보가 부족하기 때문에 그 나라는 어떤 나라인가에 대한 서술형의 기록이 많은 것이다. 반면 남조 계통의 사서는 백제에 관한 정보에 밝았기 때문에 굳이 백제에 대한 일반적인 서술을 할 필요가 없었다. 이는 같은 북조 계통의 사서인 『수서(隋書)』와 『구당서(舊唐書)』, 『신당서(新唐書)』가 백제와 활발히 교류하면서 상태에 관한 서술이 줄어들고 사건 중심의 서술이 늘어난 점에서 입증된다. 이 점에 유념하면 한층 남북조 계통 사서의 관점을 이해하는 데 도움이 될 것이다.

　끝으로 중국의 통일 왕조는 앞서 살펴본 것처럼 주변 나라를 복속시켜 중국 중심의 천하관을 확립하였다. 이 때 중국을 중심으로 사방 개념이 생겨나고 주변 나라를 사이(四夷)로 구분하였다. 따라서 당나라 때 편찬된 사서는 이러한 목적 의식이 강하다는 점을 기억해야 한다. 『양서』, 『주서(周書)』, 『수서』, 『북사(北史)』, 『남사(南史)』 등과 당나라 이전에 편찬된 『송서(宋書)』, 『남제서(南齊書)』, 『위서(魏書)』 등의 관점을 주의깊게 대조하여 보면 보다 흥미로울 것이다.

중국정사 백제전 길라잡이

1.『후한서(後漢書)』동이열전(東夷列傳)

『후한서』는 중국 남조 유송 때 사람인 범엽(范曄)이 지은 후한시대 (25~219)의 기록이다. 본기(本紀) 10권, 열전(列傳) 80권, 지(志) 30권 등 총 120권으로 구성되었다. 당시에도 후한시대에 관한 사서가 많았지만 이에 만족을 느끼지 못하여 기존 사서를 참조하여 새로 편찬한 것이다. 하지만 정작 본인은 완성하지 못하고, 이후 양나라 때 유소(劉昭)가 보완하여 완성하였다.

　백제와 관련된 내용은 한조(韓條)에 기록되어 있다. 한조는 열전 75권인 동이열전에 부여·고구려조와 더불어 속해 있다. 기존의 사서에 비하여 체계적인 서술이 이루어져 동이열전은 육이열전(六夷列傳) 속에 포함되었으며, 상당한 명문으로 알려져 있다. 다만『삼국지』등 기존 사서의 기록을 참조하여 부분적으로 고치고, 후한대 기사를 보충하였기 때문에 사료적 가치가 적다고 혹평하기도 한다. 하지만『삼국지』에 보이지 않는 자료를 참조한 점, 그리고 아주 절제된 기록이라는 점에서 그 가치를 재고해야 한다는 견해도 대두되고 있다. 다시 말하면 『후한서』의 기록을 신뢰해야 한다는 것이다.

백제와 관련하여 특히 쟁점이 되는 사항은 삼한(三韓) 78개 나라 중에서 특별히 '백제(伯濟)'를 언급한 사실이다. 『삼국지』에서는 백제가 마한의 소국 중 하나에 불과하였지만 『삼국사기』에서는 기원 직후인 온조왕대(溫祚王代)에 마한을 정벌하였다고 기록되어 논란이 되기 때문이다. 그런데 이를 편찬자의 임의가 아닌 별도의 기록에 근거한 것으로 본다면 이미 후한시대에 백제를 다른 마한 국가에 비하여 중국에서 우월한 국가로 인식하고 있었다는 증거가 될 수도 있어 유심히 살펴 볼 대목이다. 다만 『후한서』의 편찬 시기를 감안하면 그 내용에서 『삼국지』를 참조한 것이 많다는 점에서 신뢰성에 의문이 있다는 사실도 고려해야 될 것이다.

2. 『삼국지(三國志)』 동이전(東夷傳) 한조(韓條)

『삼국지』는 진나라 때 진수(陳壽)가 편찬한 삼국시대(220~265)의 사서이다. 위지(魏志) 30권, 촉지(蜀志) 15권, 오지(吳志) 20권 등 총 65권으로 구성되었다. 위나라를 정통으로 하였으며 백제와 관련있는 내용은 위지 30권 오환(烏丸)·선비(鮮卑)·동이전에 속해 있는 한조에 보인다.

『삼국지』를 편찬한 대략적인 시기는 3세기 중·후반경으로 보고 있다. 동이전에 관한 기록은 위나라가 후방을 안정시키기 위하여 238년 공손씨(公孫氏) 정권을 타도하고, 240년대에 고구려 등 이 지역에 대한 잇따른 정벌 과정에서 정보와 자료가 수집된 것으로 보인다. 무엇보다도 이전 사서가 중국과 직접 관련있는 사건의 서술에 중점을 두었다면 동이족의 사회·풍속 등까지 관심을 확대하여 한(韓) 사회에 대하여 보다 풍부한 이해를 할 수 있게 한 점이 돋보인다. 아울러 당대에 채집된 내용이 대부분이기 때문에 그 사료적 가치는 매우 높이 평가되고 있다.
『삼국지』가 특히 관심을 끄는 것은 백제의 국가 발전 단계에 대한 자료이다. 『삼국사기』에서는 이미 온조왕 때에 마한을 정벌하여 주변 나라를 평정한 나라로 묘사되었다. 이에 반하여 『삼국지』에서는 마한의 소국이 존재할 뿐만 아니라 백제도 이 소국의 하나에 불과한 나라이며, 오히려 목지국(目支國) 진왕(辰王)이 부각되었을 따름이다. 이러한 점은 『삼국사기』 초기 기록의 모순점과 맞물리면서 『삼국사기』 불신론의 배경이 되었다.

이러한 입장을 지지하는 견해에 의하면 중국의 사서는 제3자의 입장에서 당시 한반도의 정치 세력을 객관적으로 볼 수 있었기 때문에 내용이 정확하다는 것이다. 이는 『삼국사기』가 1145년 편찬된 점을 감안하면 백제와 같은 시기에 존재하면서 당시 한반도의 상황을 기록한 『삼국지』가 편찬 시기를 고려할 때에도 나름대로의 설득력이 있다는 점에서 많은 사람의 지지를 받고 있다.

하지만 『삼국지』의 기록을 신뢰하여 『삼국사기』의 초기 기록을 불신하는 것이 옳을까! 물론 이해관계가 없는 제3자의 입장이 정확할 수도 있다. 백제의 기록도 백제에 의하여 백제 중심으로 왜곡되었을 가능성이 있기 때문이다. 하지만 『삼국지』의 기록도 어디까지나 중국인에 의하여 채록된 기록일 뿐이다. 이들은 한반도의 상황에 대한 정확한 사실보다는 이들이 알고 있고, 이해되는 상황대로 기록한 것일 뿐이다. 다시 말하면 이들에게 정보를 제공한 일부의 사람들, 혹은 한 번쯤의 경험이 기록의 기초가 된 것이다. 우리가 외국에 한 번 나가서 그 나라의 모든 것을 이해할 수 없다. 그 나라는 그 나라에서 살고 있는 사람들이 가장 잘 알고 있는 것이다. 이와 같은 이치로 한 순간의 모습을 채록한 중국 측의 기록만을 신뢰한다면 우리는 기록의 많은 부분들을 놓칠 수 있을 것이다.

이러한 입장에서 양자의 기록을 절충하여 당시 사회를 이해하려는 시도도 있다. 다시 말하면 두 나라의 사서는 기술하는 입장의 차이에서 비롯되었기 때문에 이를 잘 분석하면 당시 사회의 실체에 보다 접근할 수 있다는 점이다. 이는 『삼국사기』의 내용을 바탕으로 『삼국지』를 보충하는 긍정론적인 입장이다.

아울러 이와 반대로 『삼국사기』의 내용을 수정하여 백제의 사회 발전 단계를 조정하려는 수정론도 있다. 이러한 3가지 입장이 혼재될 정도로 『삼국지』 한조는 백제의 국가 단계를 이해하는 핵심이라 할 수 있다. 『삼국지』의 기술 관점을 잘 파악하면서 『삼국사기』의 초기 기록과 비교해보면 나름대로의 입장 차이를 이해할 수 있으리라 기대된다.

『삼국지』 기록에서 또 하나 빠뜨릴 수 없는 사건이 기리영(崎離營) 전투이다. 기리영 전투는 중국 군현의 관할권 조정에 반발하여 대방군의 거점인 기리영[오늘날 황해도 평산군(平山郡) 기린리(麒麟里)]을 한(韓) 세력이 공격한 사건이다. 중국 측 기록에 의하면 대방태수 궁준(弓遵)이 이 전투에서 전사하였다 하니 상당히 치열한 전투였음을 알 수 있다. 하지만 중국 군현은 결국 한 세력을 멸망시켰다고 한다.

그런데 이와 비슷한 내용이 『삼국사기』 백제본기 고이왕(古尒王) 13년조에도 보이고 있다. 따라서 중국 측 기록에서 보이는 이 전투의 주체인 신지(臣智)를 고이왕으로 보기도 한다. 그런데 '한 세력을 멸망시켰다'라는 내용을 신뢰하면 백제가 멸망한 것이 아니므로, 모순이 생긴다. 따라서 이 전투의 주체를 『삼국지』에 나오는 목지국 내지는 신분고국(臣濆沽國)으로 보기도 한다. 이러한 입장에서 보면 백제의 부상을 기리영 전투 이후 이들이 급속도로 약해진 이유와 관련짓기도 한다.

하지만 이후의 기록에도 한이 등장하는 것을 볼 때, 한을 멸망시켰다는 기록은 중국 측의 일방적인 생각에 불과하여, 이 문구에 지나치게 얽매일 필요는 없다. 오히려 백제의 부상이 목지국 혹은 신분고국이 전쟁에 패함으로써 비롯되었다는 것보다는 백제가 이 전쟁을 주도적으로 이끌어 나가 중국 군현의 침입을 격퇴시킴으로써 마한 사회를 급속도로 통합할 수 있는 명분을 얻었다고 하는 것이 훨씬 그럴듯하지 않는가. 무엇보다도 백제 건국세력이 한강 유역에 정착하여 꾸준히 성장한

결과물로 보는 것이 다른 세력의 쇠퇴 후 부상할 수 있었다는 어부지리 (漁夫之利)식의 인식보다는 정확하지 않겠는가. 이와 같이 기리영 전투의 주체를 누구로 보느냐도 백제의 발전 단계에 대한 인식과 맞물린다. 한 번쯤『삼국사기』기록과 비교해보면서 기리영 전투의 의미를 되새겨보는 것도 권하고 싶다.

3.『진서(晋書)』동이열전 마한조

『진서』는 당나라 태종 18~20년(644~646) 사이에 황제의 명을 받아 방현령(房玄齡)과 이연수(李延壽) 등이 진나라(265~418)시대의 역사를 기록한 사서이다. 이전에는 개인이 주도하여 편찬한 사서를 국가에서 인정한 형식이었지만, 이는 국가가 처음부터 주도한 관찬(官撰)의 대표적인 선례가 되었다. 제기(帝紀) 10, 지 20, 열전 70, 재기(載記) 30권 등 총 130권으로 구성되었다.

백제와 관련있는 마한조는 열전 67 사이전(四夷傳)에 부여·진한 등과 함께 구성되었다. 나라의 존재 순서는 빠르나『송서』·『남제서』등보다 늦게 편찬되었기 때문에 유심히 살펴보아야 한다. 다시 말하면 당나라 때 편찬되었기 때문에 당나라를 천하의 중심으로 놓고 주변을 사방의 오랑캐로 보는 사이 관념을 유의해서 보아야 한다. 체제상에서는 진일보하였으나 그 내용으로 볼 때는 기존의 사서를 축약한 정도에 그치며, 교섭 기사 외에 특별한 내용이 보이지 않는다.

『진서』에도 역시 마한이라는 항목이 존재한 것으로 볼 때 당시에도 삼한 연맹체 형태가 유지된 것으로 보기도 한다. 하지만 진나라는 290년대에 이민족의 침입을 받아 결국 316년 멸망하였고, 이후 중국 남쪽에서 동진을 다시 건국하였다. 이러한 사정으로 291년의 교류 기사를 마지막으로 마한과 진나라의 통교가 단절된 것이다. 이후 진나라 간문제(簡文帝) 2년(372) 최초로 백제라는 국명으로 진과 교섭한 기사가 보인다. 이는 백제의 전성기인 근초고왕(近肖古王) 때에 해당한다. 그리고 진나라는 이에 대한 답례로 근초고왕을 진동장군령낙랑태수(鎭東將軍領樂浪太守)로 임명하였다. 이를 보면 이 시기 백제는 중국 군현의 낙랑태수에 준하는 대우를 받아 한반도를 대표하는 정치 세력으로 공인받았음을 알 수 있다.

따라서 『진서』 편찬 단계에는 백제전이 별도의 항목으로 구성됨이 마땅한데 그렇지 않은 것은 당나라 때 이를 편찬한 사관의 인식과 관련이 있을 듯하다. 분명한 것은 근초고왕 때에는 누구도 부인하지 못할 만큼 백제가 마한 지역을 대표하는 정치세력으로 성장하였다는 사실이다.

아울러 진나라 때 마한 임금[주(主)]이라는 직함을 가지고 진과 통교한 나라의 실체에 대해서는 아직 의견이 분분하다. 비록 목지국이 쇠퇴하였지만 이를 대신하여 익산 지역에 있는 건마국(乾馬國)이 마한 연맹체의 장이 되었다가 이후 백제의 공략으로 다시 영산강 유역에 있었던 신미제국(新彌諸國)이 마한주가 되었다는 견해도 있다. 이와 달리 백제를 마한주의 실체로 보기도 한다.

만약 백제왕이 마한의 임금이었다면, 백제는 왜 국명 대신에 마한 임금이라는 칭호를 사용하였을까. 이는 마한 연맹체를 완전히 통합하지 못한 상황에서 마한의 임금이라는 칭호의 사용이 대내외적으로도 유리하기 때문이다. 마한 연맹체 틀 내에서 통합 내지는 복속을 진행하는 것이 비교적 마찰을 줄일 수 있으며, 외국과의 교섭에서도 이전까지 사용한 마한 임금이라는 칭호가 유리하였을 것이다. 하지만 이제 더 이상 '마한'이라는 외피가 필요 없을 때 백제는 이를 버릴 수밖에 없다. 바로 그 시기가 근초고왕 때이다. 이러한 입장에서 본다면 백제라는 나라 이름을 사용하는 것은 백제의 성장 과정과 밀접함을 알 수 있을 것이다.

4.『송서(宋書)』이만열전(夷蠻列傳) 백제국조

『송서』는 남제 무제(武帝) 때인 487~488년 사이에 심약(沈約)이 황제의 명을 받아 송나라(420~479) 시대의 역사를 기록한 사서이다. 제기 10, 지 30, 열전 60권 등 총 100권으로 구성되었다. 이 중 백제국조는 열전 57 이만전(夷蠻傳)에 포함되었다. 특히 북위에 관한 기록을 색노전(索虜傳)으로 비하함으로써, 화이(華夷)의 구별이 엄격하였음을 알 수 있다.

백제에 관한 내용이 별도의 항목으로 자리잡은 것은 『송서』가 최초이다. 따라서 이 무렵 백제는 마한의 여러 나라를 복속하고 명실상부한 한반도 서남부 지역을 대표하는 국가로 인정받고 있는 것을 확인할 수 있다.

본서에서 주목할만한 기사는 먼저 백제의 요서 진출에 관한 내용이다. 백제의 요서 진출은 국내 사서인 『삼국사기』와 북조 계통의 사서에 보이지 않고 남조 계통의 사서에만 보인다는 점, 당시 요서 지역은 연나라 등 강성한 국가가 존재하여 백제가 이 지역에 진출할만한 국력이 되었을까 하는 회의적인 시각이 많다. 이러한 관점에서 보면 요서 지역은 남조와 관련이 없는 영토이므로 실질적인 의미가 없고, 오히려 남조가 백제와 북조의 대립을 조장시켰다고 볼 수도 있다.

하지만 백제의 초기 기록에 대해 『삼국지』가 제3자의 입장에서 객관성을 유지하였다는 점을 강조하면서 반대로 제3자의 기록물을 『삼국사기』에 없다고 부정하는 것은 문제가 있다. 또한 최근에는 백제 근초고왕 때의 활발한 대외교섭에 주목하여 어떠한 식으로든지 요서 지역에 일시적으로 거점을 확보하였을 가능성도 제기되고 있다. 따라서 백제의 요서 진출에 관한 기본이 되는 본서의 자료를 유심히 살펴보고, 나아가 이후 요서 진출에 관한 내용을 전하고 있는 자료를 비교해보면 이해의 폭이 깊어질 것이다.

다음으로 주목할만한 사실은 개로왕 때 송에 요청한 관작과 인물이다. 이는 국내 기록에서 볼 수 없는 것으로, 특히 좌현왕(左賢王)과 우현왕(右賢王)은 흉노에서 보이는 관작이다. 이 사실에서 백제가 흉노와 관련이 있음을 유추할 수 있는데, 이의 도입이 개로왕대의 일시적인 현상인지, 아니면 부여 계통 북방민의 풍습과 관련이 있는지가 관건이 된다. 분명한 것은 고구려와의 전쟁 때 효과적인 방어를 하기 위한 대비책과 관련이 있다는 점은 부인할 수 없을 듯하다.

또한 개로왕은 좌·우현왕을 임명하여 왕이 왕의 임명을 요청하는 모순이 생긴다. 따라서 이 시기 백제는 대왕(大王) 체제를 지향하여 대왕 밑에 여러 왕들을 거느렸음을 알 수 있다. 끝으로 『송서』에 보이는 인물들을 분석하면 당시 중앙정부에서 활약한 귀족들의 모습도 그려낼 수 있다.

5. 『남제서(南齊書)』 동남이열전(東南夷列傳) 백제국조

『남제서』는 남조 양나라 때 소자현(蕭子顯)이 지은 남제시대(479～502)의 정사로 본기 8, 지 11, 열전 40 등 총 59권으로 구성되었다. 그 서술이 간결하여 비교적 생략된 내용이 많으며, 백제에 관한 기록은 열전 39 동남이(東南夷)조에 포함되어 있다. 처음 시작 부분 원문 일부가 떨어져나가 내용을 알 수 없으나 다행히 『책부원구(冊府元龜)』 외신부(外臣部)에서 그 내용을 보완할 수 있다. 대부분 이전 시기의 사서의 내용을 답습하기보다는 남제 시기의 교류 관계 내용이어서 사료적 가치는 높다.

남제가 존속한 시기는 웅진 천도 이후 왕권 강화를 이룩한 동성왕 재위 기간과 거의 일치한다. 따라서 본서는 동성왕대(東城王代) 통치체제와 대외관계를 엿볼 수 있는 귀중한 자료로 평가된다. 이 중 왕·후·태수제는 백제의 지방통제와 관련된 매우 중요한 자료이다. 왕·후·태수제는 먼저 실제적인 의미보다는 의례적인 것으로 보는 견해가 있다. 광양(廣陽)과 청하(淸河) 등의 지명이 붙은 태수는 북중국 지역에 해당하여 남조의 영역이 아니며, 백제와 관련이 없는 지역이기 때문에 실제적인 의미보다는 남조와 북조의 대립 구도를 이용한 백제의 외교적 성과로 볼 수 있는 것이다.

 반면에 왕후로 임명된 지역은 대체로 전라도 지역 등 백제가 완전히 영역화하지 못한 지역이며, 임기를 옮긴 인물이 있는 점을 고려하면 지방관적 성격을 가졌으나 특수 신분인, 다시 말하면 백제의 전라도 지역 경략과 관련이 있는 세력가에 대한 예우로 보는 견해도 유력하다. 왕·후는 동성왕대 전라도 지방을 평정시킨 과정을 보여주는 실제적인 지방통제와 관련된 제도로 보면 될 것이다.

 다음으로 490년 북위와의 충돌 기사도 많은 관심을 갖는 항목이다. 이 기사는 『삼국사기』에는 488년 사건으로 기록되어 있는데, 이의 신빙성 논란이 제기되고 있다. 북위와 백제 사이에 고구려가 있기 때문에 해전(海戰)의 경우를 제외하고는 실질적인 전쟁이 불가능하다는 점이 가장 큰 이유다. 반대로 이와 같은 이유로 백제가 요서 지역에 있었다는 주장을 펼치는 사람도 있지만 설득력이 약하다. 당시 북위가 주변의 지역을 거의 다 복속시켰기 때문이다. 따라서 험윤(獫狁)·흉리(匈梨) 등으로 표시된 위노(魏虜)를 고구려로 보는 견해도 강력히 대두되고 있다.

고구려로 볼 경우 백제와의 충돌이 가능하기 때문이다. 하지만 그 공훈을 열거하면서 돈대와 선박을 부수었다는 구절은 해전의 가능성을 열어둘 수 있으므로 보다 신중한 검토가 필요하다.

6. 『양서(梁書)』 동이열전 백제조

『양서』는 당나라 태종 629년에서 636년 사이에 요사렴(姚思廉)이 황제의 명을 받아 편찬한 양나라 시대(502~557)의 정사로, 본기 6, 열전 50 등 총 56권으로 구성되었다. 날짜와 서술이 정확하지 않고, 체제 등 여러 면에서 문제가 있으나 문장은 매우 뛰어난 것으로 평가받고 있다. 백제조는 열전 48 제이(諸夷)조의 동이 항목에 포함되었다. 이는 중국의 사이(四夷) 관념이 형성되는 과정을 보여주는 것으로, 이보다 뒤늦게 편찬된 『진서』에서 완성을 보게 된다. 동이열전에 신라전이 최초로 기록된 것도 그 특징이라 할 수 있다.

백제에 대한 서술은 기본적으로 이전 시기의 사서를 참조하여 그 유래와 교빙 기사가 많으며, 양나라 때 교빙 기사를 첨가한 정도이다. 따라서 특별하게 주목을 끌 만한 내용은 없지만 왕의 계보와 관작의 등급 등을 살펴보아 다른 나라와 비교하면 흥미를 가질 수 있다. 또한 교빙 기사 중 양나라로부터 선진 문물을 받는 기사는 백제와 양의 친밀 관계를 살펴볼 수 있는 좋은 자료이다. 이러한 선진문물은 백제 문화의 국제화를 가져와 왜에게도 많은 문물을 전수해 주는 바탕이 되었다.

무엇보다도 담로에 관한 내용은 백제의 지방통치와 관련하여 매우 귀중한 자료이다. 양나라 때 편찬된 『양직공도(梁職貢圖)』가 그 저본이 되었기 때문에, 이는 양나라 때 시행된 백제의 지방통치체제인 것이 확실하다. 담로에 관한 기록은 『양서』가 유일하다. 따라서 현재 논란이 되고 있는 담로의 성격 및 시행 시기는 모두 이 기록에 의존하고 있다. 최소한 양나라 때 시행된 점은 확인되지만 언제부터 시행되었는가는 건국 초기, 근초고왕대, 개로왕대, 무령왕대 등 의견이 분분하다. 또한 그 성격도 『남제서』에 보이는 왕·후를 담로의 주재관으로 보는 것과 왕·후와 담로의 주재관을 구별하려는 견해, 그리고 군관구로서 보는 것과 거점으로서 보는 등 여러 견해가 있다. 이와 같이 많은 학자들이 담로제를 주목한 이유는 백제가 지방을 언제부터 어떻게 통치하였는가는 백제 중앙의 통제력과 관련된 국가 운영체계를 보여주는 핵심적인 내용이 되기 때문이다.

7. 『남사(南史)』 동이열전 백제조

『남사』는 당나라 태종 시기(627~649)에 이연수(李延壽)가 사사로이 편찬한 남조 송·제·양·진(陳)나라 시기의 정사로, 본기 10, 열전 70 등 총 80권으로 구성되었다. 대체로 각 왕조의 정사를 참조하여 축약하거나 보충하였으며, 왕조의 계승을 사실대로 기록하여 이를 보완할 수 있는 좋은 자료이다.

백제조는 열전 69권의 동이 항목에 고구려·신라 등과 함께 기록되었다. 이는 남조 계통의 사서에서 드러나고 있는 화이관에 입각하여 기술한 것으로, 편목을 『양서』보다 더욱 세분화시켰다.

백제 기사는 기존의 사서를 요약하였기 때문에 특별한 내용이 없다. 백제의 건국은 『후한서』를 따랐고, 교빙 기사는 주로 『송서』와 『양서』를 축약하였다. 전반적으로 『양서』 백제전과 거의 비슷하다.

8. 『위서(魏書)』 열전 백제국조

『위서』는 북제(北齊) 문선제(文宣帝)가 재위한 551~554년 시기에 위수(魏收)가 황제의 명을 받아 편찬한 북위시대(386~534)의 정사로, 제기 14, 열전 96, 지 20 등 총 130권으로 구성되었다. 이 중 백제국조는 열전 88권에 고구려·물길과 함께 실려 있다. 남조의 사서는 앞서 살펴본 것처럼 보통 '동이' 등의 이름이 붙은 열전에 기록하여 이민족들에 대한 비하가 심하다. 반면 『위서』에 이러한 제명이 붙지 않고 바로 국명이 있는 것은 이민족들에 대한 중립적인 태도를 견지한 것으로 평가된다.

『위서』에 수록된 내용은 서두에 백제의 출자(出自)와 지리, 풍속 등 민족지적 성격을 소량 기록한 것 외에는 표문과 조서 등 교빙 관계 기사가 대부분 차지하여 빈약한 편이다. 다만 백제가 고구려와 같이 부여에서 유래하였다는 기사는 특기할만하다.

아울러 수록된 표문과 조서는 개로왕대(蓋鹵王代) 고구려의 한성 공격이 임박한 시점에 주고 받은 내용으로, 당시 북위와 백제 그리고 고구려 등의 관계를 알 수 있는 매우 중요한 자료이다. 개로왕이 북위에게 고구려 정벌을 요청하면서 시작된 교빙은 실제 고구려가 백제를 공격하는 빌미를 제공하였다. 아울러 북위가 고구려와 백제의 틈바구니에서 보여준 양면성과 고구려의 북위에 대한 적극적인 교빙은 그 이전의 북위에 대한 단호함과 차이가 있는 행위로, 당시 국제 정세의 역학관계를 알 수 있는 흥미로운 자료이다.

9. 『주서(周書)』이역열전(異域列傳) 백제조

『주서』는 당나라 고조와 태종 재위 기간인 618~628년 사이에 영호덕분(令狐德棻)이 황제의 명을 받아 편찬한 북주시대(557~581)의 정사로, 본기 8, 열전 42 등 총 50권으로 구성되었다. 같은 시기에 존재한 『북제서(北齊書)』에 비하여 정리가 잘 되었다는 평가를 받고 있다. 이 중 백제조는 열전 41 이역(異域) 상권에 고구려와 함께 구성되었다. 『위서』와 함께 이민족의 제명을 달지 않은 것은 비교적 화이관(華夷觀)의 영향을 배제한 객관적인 서술이라 할 수 있다. 특히 고구려와 백제를 별도의 권에 기록한 것은 북주의 관심도를 반영하는 것이라 할 수 있다.

북주가 존재한 시기는 백제 위덕왕(威德王)이 통치한 시기이다. 따라서 이에 기록된 내용은 6세기 중·후반 무렵의 사실이라고 생각된다.

위덕왕 24년(577)과 25년 북주와 교빙한 사실을 고려하면 이 때 채록하였을 가능성이 크다. 특히 이전 시대의 사서를 참조한 것이 아니라 새로운 사실이 많이 보이고 있기 때문에 매우 귀중한 자료로 평가받고 있다.

먼저 백제의 건국과 관련해서는 『삼국사기』와 달리 백제의 시조로 구태(仇台)가 기록되어 우리가 알고 있는 온조나 비류 시조설과 다르다. 또한 '대방에 나라를 세웠다'는 기사는 백제 건국지와 관련해서도 중요한 논쟁을 제공한다. 아울러 왕에 대한 호칭이 백성들과 다르다는 점에서 백제 사회의 이중적인 구조를 지적하기도 한다.

다음으로 중앙과 지방의 통치체제, 그 중에서도 22부사는 『주서』에 처음 보이기 때문에 6좌평제와 함께 백제의 통치체제와 그 실시 시기 등을 엿볼 수 있는 자료이다. 특히 사군부(司軍部)·사도부(司徒部)·사공부(司空部)·사구부(司寇部) 등은 북주의 영향을 받은 것으로 보여, 북주의 영향을 새삼 평가할 수 있는 좋은 자료가 된다. 아울러 5부 5방제도 『한원(翰苑)』에서 인용된 『괄지지(括地志)』와 함께 비교하여 백제의 지방통치체제를 연구하는 기초 자료이다.

16관등제도 백제의 신분제와 관등제를 알 수 있는 매우 중요한 기초 자료이다. 이는 『수서』와 『통전(通典)』·『괄지지』 등에 보이며, 『삼국사기』의 기록과 대비하여 연구가 이루어졌다. 실시 시기 등에서는 여러 견해가 있으나 적어도 위덕왕 때에 16관등이 구분되었다는 점은 확인된다.

끝으로 생활문화사적인 측면에서는 이전 기록에서 볼 수 없는 많은 귀중한 내용을 전하고 있다. 의복·결혼·장례 등 생활과 풍속, 토산물과 기후·제사 등 일일이 열거할 수 없는 중요한 내용을 알려주기 때문에 생활문화사적인 측면에 관심을 기울이면 백제인들의 일상을 이해할 수 있는 좋은 자료가 될 것이다.

 이와 같이 중요한 내용을 통하여 백제는 이전과 다른 대중국 외교를 하였음을 알 수 있다. 이전 시기에는 남조와 활발한 통교를 한 반면 북중국 왕조와 소홀하였는데, 본서의 기록을 통하여 북주의 영향을 받고 있는 점이 확인되기 때문이다. 이는 신라가 북조와의 외교 관계에 적극적이었기 때문에 백제 또한 상호 경쟁 차원에서 북조와의 외교 관계에 적극적이었다는 점도 고려할 수 있다. 하지만 보다 중요한 사실은 북조가 남조에 비해 힘의 우위를 확실히 함으로써 점차 중국의 통일왕조의 출현이 가시화되자 백제의 자구적인 노력 차원이라는 면에서도 이해해야 할 것이다.

10. 『수서(隋書)』 동이열전 백제조

 『수서』는 당나라 태종 재위 기간인 629~636년 사이에 위징(魏徵)이 황제의 명을 받아 수나라 시대(581~618)의 역사를 기록한 정사로, 제기 5, 열전 50, 지 30 등 총 85권으로 구성되었다. 이 중 백제조는 열전 46 동이전에 고구려·신라·말갈 등과 함께 구성되었다. 동이열전은 남만

(南蠻) · 서융(西戎) · 북적(北狄)열전 등과 대칭되어 중국을 천하의 중심으로 삼고 주변 사방의 이민족을 중국에 조공하는 나라로 보는 사이관(四夷觀)에 기초한다. 따라서 당나라 때 중국의 우월의식이 본서에 반영되었음을 알 수 있다.

 백제조는 북조 계통의 전통을 이어 받아 전반부는 백제의 상태에 관한 서술이지만 후반부는 백제와 빈번한 교류를 한 대외관계가 주종을 이룬다. 전반부 백제에 관한 기록은 주로 『주서』의 내용을 답습한 것이 많다. 그러나 본서에만 보이는 매우 중요한 기록도 있다. 먼저 '대성팔족(大姓八族)'에 관한 기록이다. 이는 『괄지지』·『통전』·『신당서』 등에 보이지만 정사에서 처음으로 기록된 것이다. 다른 나라와 달리 백제에 힘이 센 8가문이 있었다는 기록은 백제사회에서 귀족의 힘이 강하였다는 점을 보여주는 중요한 근거이다. 또한 그 배열 순서도 눈여겨보면 힘이 센 순서로 나열하였음을 알 수 있으며, 이 순서와 백제 초기 권력의 서열을 비교해보면 재미있을 것이다.

 다음으로 시조에 관한 설화이다. 백제의 시조로 구태를 지목하면서 이를 부여와 고구려의 시조인 동명과 연결시키는 서술은 주목된다. 이를 통해 당시 백제인들은 동명을 시조로 인식하였으며, 백제가 고구려에서 비롯되었음을 확인시켜 준다. 당시 시조에 대한 인식은 앞서 언급한 온조 · 비류설과 다른 계통인지 아니면 구태 계통만을 강조한 것인지는 독자의 상상에 맡기겠다.

 그 밖에도 16관등제와 5부제 등에서는 『주서』의 내용을 답습하였으면서도 차이점이 발견된다. 부의 하부 기관으로 항(巷)이 보이는 것은 그 좋은 실례이다. 이는 수나라 때에 이르러 백제의 통치체제가 더욱 정교해진 것으로 보면 될 것이다.

또한 백제에 고구려·신라·왜·중국인이 섞여 있다는 내용도 흥미롭다. 이 기록을 통해 백제는 국제적인 나라로, 이들의 거주는 교역을 위한 것으로 이해하면 될 듯싶다. 섬에 성읍이 있다는 기록과 침모라국(躭牟羅國)·맥국(貊國)에 관한 내용도 백제의 활발한 교역과 주변의 상황을 추정할 수 있는 중요한 기록이다.

끝으로 후반부에 수나라와 백제와의 통교 사실을 전한 기록에서도 흥미로운 사실을 발견할 수 있다. 본서에서 백제가 수와 고구려와의 전쟁에 양면책을 쓰고 있다고 기록한 사실은 백제의 대외 관계에서 중요한 변화를 엿볼 수 있는 것이다. 수나라가 중국을 통일한 뒤 주변 나라에 복속을 강요하자 백제 또한 긴장할 수밖에 없는 상황이었다. 따라서 고구려의 패배를 마냥 즐길 수는 없었다. 고구려가 패망한다면 백제 또한 무사할 수 없기 때문이다. 백제가 의자왕 때 국익을 위하여 오랜 원수 사이인 고구려와 전격적인 화해를 하는 것도 이러한 관점에서 이해할 수 있다.

11. 『북사(北史)』 열전 백제조

『북사』는 당나라 태종과 고종 재위 기간인 627년~659년 사이에 이연수가 사사로이 편찬한 북조 왕조인 (북)위·(북)제·(북)주·수나라 시기(386~618)의 정사로, 본기 12, 열전 88 등 총 100권으로 구성되었다. 이연수는 『남사』도 편찬하였는데, 『북사』를 먼저 편찬하기 시작한 것으로 알려졌다.

이 중 백제조는 열전 82권에 고구려·신라·물길 등과 함께 편제되어 있다. 같은 저자라도 『남사』에서는 동이열전이라는 항목을 별도로 설정하였으나 제명을 붙이지 않고 국명을 바로 적은 형식을 취하고 있다. 이는 북조 계통의 사서를 요약한 사서이기 때문에, 기존 사서의 편집체제를 존중하여 그 체제를 따른 것으로 생각된다.

백제전의 내용도 북조 계통의 사서인 『위서』·『주서』·『수서』 등의 기록을 요약 정리하였기 때문에 새로운 내용은 없다. 주로 『주서』와 『수서』의 내용을 종합하여 정리하였으며, 교섭기사 내용에는 『위서』의 내용도 포함된다. 따라서 특이한 내용은 없으나 상호 비교하여 보면 서로 틀린 기록을 비교하여 정확한 자료를 유추할 수 있는 참고 자료로서 중요하다 하겠다.

12. 『구당서(舊唐書)』 동이열전 백제조

『구당서』는 오대(五代) 후진(後晉) 945년 유상(劉昫) 등이 황제의 명령을 받아 편찬한 당나라 시기(618~907)의 정사로, 본기 20, 지 30, 열전 150 등 총 200권으로 구성되었다. '구당서'라는 명칭은 송나라 때 『신

『당서』가 편찬되면서 이와 구별하기 위하여 붙여졌다.

 이 중 백제전은 열전 149권에 고구려·신라 등과 함께 동이 항목으로 편제되었다. 열전의 내용은 당이 중국을 통일한 후 한반도에 개입하여 전쟁과 교류 관계가 많았기 때문에 기사가 매우 풍부하다. 체제와 서술 그리고 분류 면에서 비판을 받고 있으나 사실에 충실하여 사료적 가치는 높은 편이다.

 백제전의 내용 중 관심을 끄는 기록은 6좌평에 관한 서술이다. 이는 『삼국사기』 고이왕조에 동일하게 기록되어 있는데, 이 때문에 백제의 관직 실시시기에 대한 의견이 분분하다. 『구당서』의 기록을 신뢰하면 6좌평 제도가 백제 멸망 당시에 시행되었어야 한다. 더욱이 『삼국사기』의 내용은 본서와 거의 똑같아 이 기록을 그대로 옮긴 것이 확인된다. 이를 근거로 고이왕 때 6좌평제의 실시를 인정할 수 없다는 입장을 따르는 연구자가 많다. 다만 고이왕 때뿐만 아니라 이후에도 6좌평을 역임한 인물 등 구체적인 기록이 나오기 때문에 좀 더 신중할 필요는 있다. 이는 『주서』에 등장하는 22부사와 선후 관계가 어떠한가, 그리고 백제 중앙통치체제가 언제 정비되었는가 하는 점이 문제 해결의 핵심이 될 것이다.

 다음으로 최근 백제문화에 대한 관심이 높아지면서 백제왕 및 신하들의 복식에 대한 내용도 관심을 끌고 있다. 당시 백제인들이 어떠한 모습으로 살고 있었는가는 최근 많은 무덤들이 발굴되고, 이를 바탕으로 당시의 모습을 복원하려는 시도가 점차 팽배해져 생활 전반에 대한 관심을 증폭시키고 있다.

끝으로 『구당서』의 대부분을 차지한 교빙 기사도 백제 멸망을 전후한 시기에 당과 백제의 대외정책과 관련해서 주목할만한 자료이다. 당 제국의 등장 이후 당이 백제에 어떠한 입장을 강요하였으며, 백제가 어떠한 반응을 보이고 있는가는 음미해 볼만하다. 특히 백제의 멸망 당시의 상황과 이후 백제 부흥운동 등 매우 귀중한 자료가 당의 입장에서 사실적으로 기록되어 있다. 이는 다른 곳에서는 볼 수 없는 중요한 자료로, 5도독부체제와 웅진도독부체제 등 당의 백제 지역에 대한 점령 정책을 알 수 있다. 뿐만 아니라 백제부흥운동의 전 과정을 기록하였기 때문에 국내 측 기록인 『삼국사기』와 함께 대비하여 살펴본다면 보다 흥미로울 것이다.

13. 『신당서(新唐書)』 동이열전 백제조

『신당서』는 송나라 1044~1060년 사이에 구양수(歐陽修)·송기(宋祁) 등이 인종(仁宗)의 명령을 받아 편찬한 당나라 시기(618~907)의 정사로, 본기 10, 지 50, 표 15, 열전 150 등 총 225권으로 구성되었다. 『신당서』가 편찬된 것은 『구당서』의 체제와 표현이 미흡하다고 판단하여 이를 보완할 필요가 있었기 때문이다. 특히 혼란기에 편찬된 『구당서』와 달리 송나라로 통일된 이후 편찬되었기 때문에 국가 의식이 강하게 표출되었다.

이 중 백제전은 열전 145권에 고구려·신라 등과 함께 동이 항목으로 편제되었다. 『구당서』의 내용과 체제는 거의 비슷하다. 『수서』에 보이는 대성팔족이 추가된 것이 다르지만 이외에는 문장을 요약하거나 달리 서술하여 정제된 편이다. 따라서 『구당서』의 내용을 참조해야 이해할 수 있는 부분이 있으며, 반대로 『신당서』의 내용을 통하여 『구당서』의 내용을 이해하기도 한다. 축약하였기 때문에 그 양은 줄어들었으나 편찬자의 의도가 반영되어 관직을 생략하는 등 중국적인 입장이 강하다.

 이와 같이 『신당서』는 『구당서』에 비하여 사실성이 부족하다고 할 수 있으나 당대에 편찬된 다른 자료도 참조하였기 때문에 『구당서』에 보이지 않는 구체적인 서술과 비교하여 백제에 관한 새로운 사실과 중국의 관점을 이해할 수 있는 이점이 있다.

중국정사 백제 관련 기사

1. 『후한서』 동이열전 한조

 한(韓)에는 세 종류가 있으니 첫째는 마한(馬韓), 둘째는 진한(辰韓), 셋째는 변진(弁辰)이라 말한다. 마한은 서쪽에 있으며, 54개 나라가 있다. 그 북쪽은 낙랑(樂浪), 남쪽은 왜(倭)와 더불어 접한다. 진한은 동쪽에 있으며, 12개 나라가 있다. 그 북쪽은 예맥(濊貊)과 더불어 접한다. 변진은 진한의 남쪽에 있으며, 역시 12개 나라가 있다. 남쪽 역시 왜와 더불어 접한다. 무릇 78개 나라가 있는데, 백제(伯濟)는 그 나라 중 하나이다. 큰 나라는 만여 호(戶)이며, 작은 나라는 수천 가(家)이다. 각각 산과 바다 사이에 있으며, 땅은 도합 사방 4,000여 리에 이른다. 동서는 바다로 막혀 있으니 모두 옛날의 진국(辰國)이다. 마한이 가장 크며, 함께 그 종족들이 받들어 진왕(辰王)으로 삼아 목지국(目支國)에 도읍하여 모두 삼한 땅의 왕이 되었으니, 그 여러 나라의 왕들은 모두 선대로부터 마한 종족의 사람이다. (이하 생략)

2.『삼국지』동이전 마한조

한은 대방(帶方)의 남쪽에 있는데, 동서는 바다로 제한되고 남은 왜와 더불어 접하니 대략 4천 리 남짓하다. (한에는) 세 종류가 있는데 첫째는 마한, 둘째는 진한, 셋째는 변한을 말하며, 진한은 옛날의 진국이다. (중간 생략)

[마한의 나라로는] 원양국(爰襄國)·모수국(牟水國)·상외국(桑外國)·소석삭국(小石索國)·대석삭국(大石索國)·우휴모탁국(優休牟涿國)·신분고국(臣濆沽國)·백제국(伯濟國)·속로불사국(速盧不斯國)·일화국(日華國)·고탄자국(古誕者國)·고리국(古離國)·노람국(怒藍國)·월지국(月支國)·자리모로국(咨離牟盧國)·소위건국(素謂乾國)·고원국(古爰國)·막로국(莫盧國)·비리국(卑離國)·점리비국(占離卑國)·신흔국(臣釁國)·지침국(支侵國)·구로국(狗盧國)·비미국(卑彌國)·감해비리국(監奚卑離國)·고포국(古蒲國)·치리국국(致利鞠國)·염로국(冉路國)·아림국(兒林國)·사로국(駟盧國)·내비리국(內卑離國)·감해국(感奚國)·만로국(萬盧國)·벽비리국(辟卑離國)·구사오단국(臼斯烏旦國)·일리국(一離國)·불미국(不彌國)·지반국(支半國)·구소국(狗素國)·첩로국(捷盧國)·모로비리국(牟盧卑離國)·신소도국(臣蘇塗國)·막로국(莫盧國)·고랍국(古臘國)·임소반국(臨素半國)·신운신국(臣雲新國)·여래비리국(如來卑離國)·초산도비리국(楚山塗卑離國)·일난국(一難國)·구해국(狗奚國)·불운국(不雲國)·불사분사국(不斯濆邪國)·원지

국(爰池國)·건마국(乾馬國)·초리국(楚離國) 등 모두 50여 나라가 있다. 큰 나라는 만여 가이고 작은 나라는 수천 가이니, 모두 십여 만 호이다. 진왕은 월지국을 다스린다. (중간 생략)

부종사(部從事) 오림(吳林)은 낙랑이 본래 한국(韓國)을 통치했다는 이유로 진한 8국을 분할하여 낙랑에 주었다. (그런데) 통역하는 관리가 이를 전하는데 틀림이 있어 신지(臣智)

중국 군현과 한 세력이 충돌한 246년 기리영 전투 형세도

가 한(韓)의 분노를 격발시켜 대방군 기리영(崎離營)을 공격하였다. 이때 태수 궁준(弓遵)과 낙랑태수 유무(劉茂)는 군사를 일으켜 이들을 토벌하였으나 준은 전사하고 2군은 마침내 한을 멸망시켰다. (이하 생략)

3. 『진서』 마한조

무제 태강(太康) 원년(281)과 2년(282) 그 나라의 임금이 자주 사신을 보내 여러 공물을 바쳤다. 7년(286), 8년, 10년에도 또한 자주 이르렀다. 태희(太熙) 원년(290)에 동이교위(東夷校尉) 하감(何龕)에 이르러 헌상하였다. 함녕(咸寧) 3년(277)에 다시 이르렀고, 이듬해에 또 귀부(歸附)하기를 청하였다.

4. 『송서』 백제국조

백제국은 본래 고구려와 더불어 요동의 동쪽 천여 리에 있었다. 그 후 고구려는 요동을 경략하였고, 백제도 경략하여 요서를 소유하였다. 백제가 다스린 곳은 진평군(晋平郡) 진평현이라 한다.
의희(義熙) 12년(416) 백제왕 여영(餘映; 전지왕)을 사지절(使持節) 도독(都督) 백제제군사(百濟諸軍事) 진동장군(鎭東將軍) 백제왕으로 삼았다. 소제(少帝) 경평(景平) 2년(424) 영이 장사(長史) 장위(張威)를 보내 궁궐에 이르러 공물을 바쳤다.
원가(元嘉) 2년(425) 태조가 조서를 내려 다음과 같이 말하였다. "황제는 묻노라. 사지절 도독 백제제군사 진동장군 백제왕은 대대로 충성스럽게 잘 순종하여 바다를 건너 정성을 다하였다. 멀리서 오랑캐를 모아 왕노릇하며, 선대의 업적을 잘 닦아 의를 사모함이 이미 만 천하에 드러났고, 그 가슴에 품은 지조로 작은 배에 의지하여 바다를 건너와 보물과 폐백을 바쳤다. 때문에 왕위를 잇게 하여 임무를 맡기니 동쪽을 지키는 번(藩)이 되어 왕으로서 힘써 노력하여 앞의 업적을 실추시키지 않도록 하라. 지금 겸알자(兼謁者) 여구은자(閭丘恩子)와 겸부알자(兼副謁者) 정경자(丁敬子) 등을 파견하여 교지를 내려 위로하니 짐의 뜻을 알리도록 하라." 그 후 매년 사신을 보내 표문을 올리고 여러 공물을 바쳤다.

 7년(430) 백제왕 여비(餘毗; 비유왕)가 다시 조공을 하므로 여영이 받은 관작을 주었다. 27년(450) 여비가 문서를 올리고 여러 공물을 바치며 사사로이 가칭한 대사(臺使) 풍야부(馮野夫) 서하태수(西河太守)를 인정해줄 것과 또한 표문을 올려 역림(易林)·식점(式占)·요노(腰弩)를 구하니 태조가 모두 수여하였다. 비가 죽자 아들인 경(慶; 개로왕)이 왕위를 대신하였다. 세조 대명(大明) 원년(457) 사신을 파견하여 작호를 내려줄 것을 요청하니 조서를 내려 허가하였다.

 (대명) 2년 경이 사신을 보내 표문을 올려 "신의 나라는 대대로 특별한 은혜를 받아 문무(文武)의 훌륭한 대신들이 대대로 조정의 작호를 받았습니다. 행관군장군(行冠軍將軍) 우현왕(右賢王) 여기(餘紀) 등 11명은 충성스럽고 부지런하여 특별한 승진을 하여도 마땅하오니 엎드려 바라건대 가엾게 여기시어 모두 제수해주시길 청합니다"라고 하였다. 이에 행관군장군 우현왕 여기는 관군장군으로, 행정로장군(行征虜將軍) 좌현왕 여곤(餘昆)과 행정로장군 여훈(餘暈)은 모두 정로장군으로, 행보

국장군(行輔國將軍) 여도(餘都)와 여예(餘乂)는 모두 보국장군으로, 행용양장군(行龍驤將軍) 목금(沐衿)과 여작(餘爵)은 모두 용양장군으로, 행영삭장군(行寧朔將軍) 여류(餘流)와 미귀(麋貴)를 모두 영삭장군으로, 행건무장군(行建武將軍) 우서(于西)와 여루(餘婁)를 모두 건무장군으로 삼았다. 태종 태시(泰始) 7년(471) 또한 사신을 보내어 조공하였다.

5. 『남제서』 백제국조

(처음 부분 누락) "가행영삭장군(假行寧朔將軍) 저근(姐瑾) 등 4명은 충성을 다하여 국가의 어려움을 물리쳤으며, 뜻과 용맹의 과단성은 명장에 비길만하니 가히 나라의 한성(扞城)이요 사직의 튼튼한 울타리라 할만합니다. 공을 논하고 노고를 헤아리면 마땅히 뛰어난 자리에 있어야 하므로 지금 전례에 따라 잠시 임시직을 주었습니다. 엎드려 바라건대 가엾게 여기시어 임시로 칭한 관작을 허락하여 주십시오. 영삭장군 면중왕(面中王) 저근은 정사를 잘 보좌하였고 무공 또한 뛰어나 지금 가행관군장군 도장군(都將軍) 도한왕(都漢王)으로, 건위장군(建威將軍) 팔중후(八中侯) 여고(餘古)는 어려서부터 보좌하여 충성의 모범이라 할만하다고 일찍부터 알려졌으므로 지금 가행영삭장군 아착왕(阿錯王)으로, 건위장군 여력(餘歷)은 평소부터 충성과 정성이 있었고 문무가 뛰어나 지금 가행용양장군 매로왕(邁盧王)으로, 광무장군(廣武將軍) 여고(餘固)는 정사에 충성을 다했으며 나라의 정치를 빛내고 선양하여 지금 가행

건위장군 비사후(弗斯侯)라 하였습니다."

모대(牟大; 동성왕)가 또한 표문을 올려 다음과 같이 아뢰었다. "신이 파견한 행건위장군 광양태수(廣陽太守) 겸 장사(長史) 신(臣) 고달(高達)과 행건위장군 조선태수 겸 사마(司馬) 신 양무(楊茂), 행선위장군(行宣威將軍) 겸 참군(參軍) 신 회매(會邁) 등 3인은 뜻과 행동이 맑고 밝으며, 충성과 정성이 일찍부터 드러나 지난 태시(泰始) 연간 송나라 조정에 사신으로 갔습니다. 지금도 신의 사신 임무를 맡아 험한 파도를 무릅쓰고 바다를 건넜으니 그 지극한 공로를 생각하면 마땅히 관작을 더해야 하니 삼가 선례에 따라 각각 임시로 행직을 주었습니다. 또한 천자의 은택은 영험하고 훌륭하여 만 리까지 미치는데 하물며 천자의 정원을 친히 밟으면서 신뢰를 받지 않을 수 있겠습니까. 엎드려 바라건대 특별히 어여삐 여겨 정식으로 제수해 주십시오. 고달은 변경에서의 공이 일찍부터 뛰어났고 공무를 부지런히 힘썼으므로 지금 가행용양장군 대방태수로, 양무는 뜻과 행동이 단아하고 일관되며 공무를 놓지 않아 지금 가행건위장군 광릉태수(廣陵太守)로, 회매는 뜻을 세우고 주도면밀하여 수 차례 근면한 공을 세워 지금 가행광무장군 청하태수(淸河太守)로 하였습니다." 조서를 내려 허락하였다. 아울러 장군호를 주고 태수직을 제수하였다. (백제왕은) 사지절 도독 백제제군사 진동대장군으로 삼았다.

겸알자 복사(僕射) 손부(孫副)를 사신으로 보내 명을 내려, 작고한 할아버지 모도(牟都)를 이은 백제왕으로 모대를 삼으면서 다음과 같이 말하였다. "오호라! 생각건대 너희들은 대를 이어 충성스럽고 근면하여 그 정성이 먼 곳까지 알려져 바닷길이 고요하고 맑아 조공이 끊이지 않았다. (이에) 통상의 법전을 좇아 기준으로 삼고, 잘 알려진 명을 따라 (알맞은 관작을) 주었다. 가서 공경할지어다. 삼가 훌륭한 사업을 이어받아 신중하지 않을 수 있겠는가. 행도독 백제제군사 진동대장군 백제왕 모대에게 조서를 내리니 지금 모대를 할아버지 모도를 이은 백제왕으로 삼는다. 왕위에 오른즉 인장과 끈 5개, 동호죽부(銅虎竹符) 4개를 주니 왕이 이를 공경하여 받으면 또한 기쁘지 아니한가."

이 해 위노(魏虜)가 또 기병 수십 만을 동원하여 백제를 공격하였다. 그 나라 경계에 들어오자 모대가 장수 사법명(沙法名)·찬수류(贊首流)·해례곤(解禮昆)·목간나(木干那) 등을 보내 무리를 이끌고 오랑캐 군사를 습격하여 크게 무찔렀다.

건무(建武) 2년 모대가 사신을 보내 표문을 올려 다음과 같이 아뢰었다. "신은 예로부터 분봉을 받아 대대로 조정의 영예를 입었고 더하여 (통치권의 상징인) 절부(節符)와 부월(斧鉞)을 받아 변경 지역을 평정하였습니다. 지난번에 저근 등이 모두 영광스러운 작을 받아 신하와 백성들이 모두 기뻐하였습니다. 지난 경오년에도 험윤(獫狁)이 잘못을 깨닫지 못하고 군사를 일으켜 깊이 핍박하니 신이 사법명 등을 보내 군사를 거느리고 역습하여 밤에 번개처럼 습격하였습니다. 흉리(匈梨)가 크게 당황하여 바닷물이 끓는 것처럼 붕괴되고, 달아나는 틈을 이용하여 쫓아가 베니 시체가 들을 붉게 물들였습니다. 이로 말미암아 그 예봉이

꺾기고 고래처럼 난폭한 것이 그 사나움을 감추었습니다. 지금 나라가 조용해진 것은 실로 사법명 등의 지략 때문이니 그 공훈을 찾아 마땅히 포상을 해줘야 합니다. 지금 임시로 사법명을 행정로장군 매라왕(邁羅王)으로, 찬수류를 행안국장군(行安國將軍) 벽중왕(辟中王)으로, 해례곤을 행무위장군(行武威將軍) 불중후(弗中侯)로 삼았고, 목간야는 전부터 군공이 있었고 또한 돈대와 배를 공격하여 빼앗았으므로 행광위장군(行廣威將軍) 면중후라 하였습니다. 엎드려 바라건대 특별히 천은을 베풀어 제수해주기를 청합니다."

또한 표문을 올려 다음과 같이 아뢰었다. "신이 파견한 행용양장군 낙랑태수 겸 장사 신 모유(慕遺)와 행건무장군 성양태수(城陽太守) 겸 사마 신 왕무(王茂), 겸 참군 행진무장군(行振武將軍) 조선태수 신 장색(張塞), 행양무장군(行揚武將軍) 진명(陳明)은 관에 있으면서 사사로움을 잊고 오직 공적으로 일을 하여 위태로움에 처해 명령을 받아도 어려움을 극복하고 자기를 돌보지 아니했습니다. 지금 사신의 임무를 주어 험한 파도를 무릅쓰고 바다를 건너 그 지극한 정성을 다했으니 실로 관작을 올려주는 것이 마땅하여 임시로 관작을 주었습니다. 엎드려 원하건대 성조(중국)께서 특별히 은혜를 내리셔 제수하여 주십시오." 조서를 내려 허가하고 아울러 군호(軍號)도 주었다.

6. 『양서』 백제조

　백제는 그 선조가 동이의 삼한국으로, (삼한의) 하나는 마한, 둘은 진한, 셋은 변한이다. 변한과 진한은 각각 12개 나라이며, 마한에는 54개 나라가 있다. 큰 나라는 만여 가(家)이고 작은 나라는 수천 가로, 총 10여 만 호이다. 백제는 그 중 하나로 후에 점차 강성해져 여러 작은 나라를 합쳤다. 그 나라는 본래 고구려와 더불어 요동의 동쪽에 있었다. 진나라 때 고구려가 이미 경략하여 요동을 소유하자 백제 또한 점거하여 요서와 진평 2군의 땅을 소유하여 스스로 백제군을 설치하였다.
　진나라 태원(太元) 연간(376~396) (백제)왕 수(須; 근구수왕), 의희 연간(405~418) 여영, 송나라 원가 연간(424~453) 여비가 모두 사신을 파견하여 포로를 바쳤다. 여비가 죽고 그 자식인 경이 왕에 즉위하였고, 경이 죽자 아들인 모도가 왕위에 올랐다.
　모도가 죽자 자식인 모대가 왕위에 올랐다. 제나라 영명(永明) 연간(483~493) 모대를 도독 백제제군사 진동대장군 백제왕으로 삼았다. 천감(天監) 원년 모대를 정동(대)장군으로 올려 주었다.
　이어 고구려에게 격파되어 쇠약해진지 여러 해 남한(南韓) 땅으로 도읍을 옮겼다. 보통(普通) 2년(521) 왕 여륭(餘隆)이 비로소 다시 사신을 보내 표문을 올려 "수 차례 고구려를 격파하여 이제 비로소 우호관계를 맺었다"고 칭하니 백제는 다시 강한 나라가 되었다.
　그 해 고조가 조서를 내려 다음과 같이 말하였다. "도독 백제제군사

진동대장군 백제왕 여륭은 해외의 울타리를 지키며, 멀리서 조공의 직무를 닦아 이곳까지 진실한 정성이 도달하니 짐은 매우 기쁘도다. 마땅히 예전의 법례에 따라 영예로운 영을 내려 도독 백제제군사 진동대장군 백제왕을 허가한다." 5년 륭이 죽자 조서를 다시 내려 그 자식인 명(明; 성왕)을 지절 도독 백제제군사 수동장군(綏東將軍) 백제왕으로 삼았다.

도성을 고마(固麻)라고 부르며, 읍을 담로(檐魯)라고 일컫는데, 중국의 말로 군현과 같다. 그 나라에는 22담로가 있으며, 모두 자제와 종족으로 나누어 웅거하게 하였다. 그 나라 사람의 모습은 길쭉하며, 의복은 정결하다. 그 나라 가까이에는 왜가 있는데 문신을 한 자가 꽤 있다. 지금의 언어와 복장은 대략 고구려와 비슷하지만 길을 갈 때 두 팔을 펴지 않고 절을 할 때 발을 펴지 않는 것은 다르다. 모자를 갓이라 부르며, 저고리를 복삼, 바지를 잠방이라 부른다. 언어는 여러 중국 말과 섞여 있는데 역시 진한(秦韓)이 남긴 풍속이라 한다.

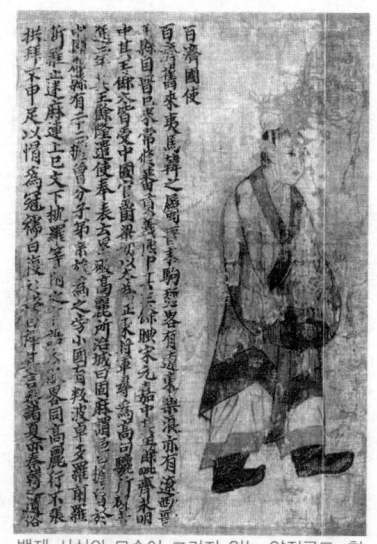

백제 사신의 모습이 그려져 있는 양직공도. 현재 중국역사박물관에 소장되어 있다. '백제국사'라는 제명이 붙은 그림과 내용은 백제사 연구에 중요한 자료가 되고 있다.

중대통(中大通) 6년(534)과 대동(大同) 7년(541) 수 차례 사신을 파견하여 여러 공물을 바쳤다. 아울러 열반경(涅盤經) 등의 불교 경전과 뜻풀이 책, 모시박사(毛詩博士), 장인과 그림을 가르치는 사람 등을 요청하자 모두 들어주도록 조치하였다. 태청(太淸) 3년(549) (양나라의) 수도가 도적에게 노략질당한 것을 모르고 사신을 파견하여 공물을 바쳤다. 도성에 이르러 대궐이 황폐해진 것을 보고 모두 통곡하며 눈물을 흘리자 후경(侯景)이 노하여 가두었다. 후경의 반란이 평정되고 난 후 비로소 그 나라로 돌아갈 수 있었다.

7. 『남사』 백제조

백제는 그 선조가 동이의 삼한국으로, (삼한의) 하나는 마한, 둘은 진한, 셋은 변한이다. 변한과 진한은 각각 12개 나라이며, 마한에는 54개 나라가 있다. 큰 나라는 만여 가(家)이고 작은 나라는 수천 가로, 총 10여 만 호이다. 백제는 그 중 하나로 후에 점차 강대하여 여러 작은 나라를 합쳤다. 그 나라는 본래 고구려와 더불어 요동의 동쪽 천여 리에 있었다. 진나라 때 고구려가 이미 경략하여 요동을 소유하자 백제 또한 점거하여 요서와 진평 2군의 땅을 소유하여 스스로 백제군을 설치하였다.

진나라 의희 12년 백제왕 여영을 사지절 도독 백제제군사 진동장군 백제왕으로 삼았다. 송나라 무제가 등극하자 작호를 진동대장군으로 올려주었다. 소제 경평 2년 여영이 장사 장위를 파견하여 대궐에 이르러 조공을 바쳤다. 원가 2년 문제가 겸알자 여구은자와 겸부알자 정경자 등에게 조서를 내려 (백제에) 가 교지를 펼쳐 위로하게 하였다. 그 후 해마다 사신을 보내 여러 공물을 바쳤다. 7년 백제왕 여비가 다시 조공의 임무를 다하므로 여영이 받은 작호를 주었다. 27년 여비가 국서를 올리고 여러 공물을 바쳐 사사로이 대사 풍야부(馮野夫)를 서하태수로 칭한 것을 허가해주고, 표를 올려 역림(易林)·식점(式占)·요노(腰弩)를 구하니 문제가 모두 허락하였다.

  여비가 죽고 그 자식인 경이 왕에 즉위하였다. 효무제(孝武帝) 대명 원년 사신을 보내 작호를 제수해주길 요청하니 조서를 내려 허락하였다. 2년 경이 사신을 보내 표문을 올려 행관군장군 우현왕 여기 등 11명의 충성과 근면을 말하고 아울러 작호를 올려주길 요청하니 이에 조서를 내려 모두 작호를 올려주었다. 명제(明帝) 태시 7년 또한 사신을 파견하여 공물을 바쳤다.

  경이 죽자 아들인 모도가 왕위에 올랐다. 모도가 죽자 자식인 모대가 왕위에 올랐다. 제나라 영명 연간(483~493) 모대를 도독 백제제군사 진동대장군 백제왕으로 삼았다. 양나라 천감 원년(502) 모대를 정동(대)장군으로 올려주었다.

  이어 고구려에게 격파되어 쇠약해진지 여러 해 남한 땅으로 도읍을 옮겼다. 보통 2년(521) 왕 여륭이 비로소 다시 사신을 보내 표문을 올려 "수 차례 고구려를 격파하여 지금 비로소 우호관계를 맺었다"고 칭하니 백제는 다시 강한 나라가 되었다. 그 해 양 무제가 조서를 내려 여륭을 사지절 도독 백제제군사 진동대장군 백제왕으로 삼았다. 5년 륭이 죽자 조서를 다시 내려 그 자식인 명을 지절 도독 백제제군사 수동장군 백제왕으로 삼았다.

　도성을 고마라고 부르며 읍을 담로라고 일컫는데, 중국의 말로 군현과 같다. 그 나라에는 22담로가 있으며, 모두 자제와 종족으로 나누어 웅거하게 하였다. 그 나라 사람의 모습은 길쭉하며, 의복은 정결하다. 그 나라 가까이에는 왜가 있는데 문신을 한 자가 꽤 있다. 언어와 복장은 대략 고구려와 비슷하다. 모자를 갓이라 부르며, 저고리를 복삼, 바지를 잠방이라 부른다. 그 언어는 여러 중국 말과 섞여 있는데 역시 진한(秦韓)이 남긴 풍속이라 한다.

　중대통 6년과 대동 7년 수 차례 사신을 파견하여 여러 공물을 바쳤다. 또한 열반경 등의 불교 경전과 뜻풀이 책, 모시박사 아울러 공인과 그림을 가르치는 사람 등을 요청하자 모두 주었다. 태청 3년 사신을 보내 공물을 바쳤다. 도성에 이르러 대궐이 황폐해진 것을 보고 모두 통곡하며 눈물을 흘리자 후경이 노하여 가두었다. 후경의 반란이 평정되고 난 후 그 나라로 돌아갈 수 있었다.

8.『위서』백제국조

　백제국은 그 선조가 부여로부터 나왔다. 그 나라는 북으로 고구려와 천여 리 떨어져 있는 작은 바다의 남쪽에 위치한다. 백성들은 땅에 정착하여 사는데, 지대가 대부분 낮고 습하여 모두 산에서 산다. 오곡(五穀)이 있으며, 의복과 음식은 고구려와 같다.

 연흥(延興) 2년(472) 그 왕 여경이 처음으로 사신을 보내 표문을 올려 다음과 같이 아뢰었다. "신은 동쪽 궁벽진 곳에 나라를 세워 승냥이와 이리(고구려)가 길을 막아 비록 대를 이어 영험한 교화를 받았으나 이로 말미암아 번(藩)이 되어 조공을 하지 못하고 아련하게 궁궐을 바라보면서 치닫고 싶은 심정을 누를 길 없었습니다. (이제) 서늘한 바람이 미약하나마 응하니 엎드려 생각하건대 황제폐하께서는 하늘의 아름다운 도리에 잘 조화하시는지라 우러러 뵙고 싶은 마음을 이기지 못하겠습니다. 삼가 사사로이 임명한 관군장군 부마도위 비사후 장사 여례(餘禮)와 용양장군 대방태수 사마 장무(張茂) 등을 파견하여 험한 파도에 배를 던져 현묘한 나루를 찾아 운명을 자연에 맡기고, 조그마한 정성이라도 바칠 수 있도록 하였습니다. 삼가 신이 감응하고 황제의 커다란 영험이 덮어주어 마침내 천자가 계신 곳에 도달하여 신의 뜻을 전달한다면 비록 아침에 그 말을 듣고 저녁에 죽는다 해도 영원토록 여한이 없을 것입니다."

 또한 아뢰기를 "신이 고구려와 같이 뿌리는 부여에서 나와 선대에는 예전의 성의를 돈독하게 유지하였으나 그 조상인 쇠(釗)가 이웃의 우호를 가볍게 여겨 친히 군사를 거느리고 신의 국경을 함부로 짓밟았습니다. (이에) 신의 조상인 수가 군사를 정돈하여 번개같이 다다라 기회를 틈타 재빠르게 공격하니 화살과 돌이 점차 교차하던 중 소의 머리를 효수하니 이후로 감히 남쪽을 넘보지 못하였습니다. (그러나) 풍씨(馮氏)의 나라(후연)가 멸망하고 그 남은 무리들이 (고구려로) 도망 온 이후로 추악한 무리들이 점점 강성해졌습니다. 마침내 능멸과 핍박을 당해 원한을 맺고 화(禍)가 연달아 미친지 30여 년, 재물이 다하고 힘이 고갈되어 점점 쇠약해지고 곤궁해졌습니다. 만약 천자의 자비와 넘치는 연민이 멀리 해외까지 미치지 않은 곳이 없다면 속히 한 명의 장수를 보내시어 신의 나라를 구원해 주십시오. (그렇다면) 당연히 저의 미천한 딸을 보내어 후궁에서 청소를 하게 하고 아울러 자제들을 보내어 마구간에서 말을 치는 마부로 삼겠으며, 한 척의 땅과 한 사람이라도 감히 저의 것이라 하지 않겠습니다"라고 하였다.

또한 아뢰기를 "지금 련(璉)은 죄가 있으니 나라에는 참살이 행해져 대신과 힘센 종족들에 대한 살육이 그치지 않아 죄악이 가득 차며, 뭇 백성들은 터전이 무너져 유리되었습니다. 이는 바로 멸망의 시기로, (북위의) 힘을 빌린다면 결실이 있을 것입니다. 풍씨 일족의 군사와 병마는 (북위에 대한) 연모의 정이 있고, 낙랑의 여러 군은 고향을 생각하는 마음을 품고 있으니 천자의 위엄을 한번 보인다면 정벌만 있고 전쟁은 없을 것입니다. 신은 비록 총명하지 못하나 몸과 마음을 다 바쳐 마땅히 통제에 따라 순종하겠습니다. 또한 고구려의 불의와 거역은 하나뿐이 아닙니다. 겉으로는 외효(隗囂; 후한시대에 반역한 인물)처럼 번신(藩臣)으로서 낮추나 속으로는 흉악한 돼지처럼 저돌적인 행동을 하고자 합니다. 남쪽으로는 유씨(송나라)와 통하기도 하고, 북쪽으로는 유유(蠕蠕; 유연)와 맹약하기도 하였으며, 이와 잇몸처럼 밀접하여 폐하의 다스림을 업신여겼습니다. 옛날에 요임금과 같은 지극한 성인은 단수(丹水)에서 묘족(苗族)을 징벌하였고 맹산군(孟嘗君)같은 어진 사람도 매도질당하면 평온할 수 없었습니다. 마땅히 한 방울 흐르는 물이라도 일찍 막아야 하오니 지금 만약 취하지 못한다면 장차 후회하실 겁니다. 지난 경진(庚辰)년(440) 이후에 신의 서쪽 경계인 소석산북국(小石山北國)의 바다 가운데 시신이 10여 구가 발견되었고 아울러 옷과 기물, 안장과 재갈을 얻었는데, 그것을 살펴보니 고구려의 물건이 아니었습니다. 후에 들으니 이는 폐하의 사신이 신의 나라에 오려는 것을 기다란 뱀(고구려)이 길을 막고 바다에 침몰시켰다 합니다. 비록 자세하지는 않으나 마음 속 깊이 분노가 치밀어 오릅니다. 옛날(춘추시대에) 송나라가 신주(申舟)를 참살하자 초나라 장왕(莊王)은 맨발로 뛰쳐나갔고, 풀어준 비둘기를 매가 낚아채자 신릉군(信陵君)은 먹지를 않았습니다. 적을 이겨 명예를 세움은 더할 수 없이 좋은 것입니다. 무릇 조그맣고 궁벽진 곳에서도 오히려 만대의 신의를 사모하니 하물며 폐하께서는 하늘과 땅의 기운을 합치시켜 그 형세는 산과 바다를 뒤집을만한데, 어찌 조그마한 아이로 하여금 천자의 조공 길을 가로 막게 합니까. 지금 획득한 안장 하나를 바치오니 이는 실제 증거가 될 것입니다"라고 하였다.

현조(顯祖)가 그 궁벽진 먼 곳에서 위험을 무릅쓰고 조공함을 가상히 여겨 예우를 더욱 두텁게 하고 사신 소안(邵安)을 파견하여 그 나라 사신과 함께 돌아가게 하면서 다음과 같이 조서를 내렸다. "표문을 받고 큰 탈이 없다 하니 매우 기쁘오. 경은 동쪽 구석 (우리의 통치력이 미치지 않는) 2,500리 밖에 있으면서 산과 바다를 멀다 하지 않고 정성으로 위나라 대궐에 귀부하니, 지극한 뜻을 기쁘게 여겨 마음 속에 간직하겠소. 짐은 만세의 업을 계승하니 임금으로 사해(四海)에 군림하여 뭇 생명들을 통치하고 있소. 지금 관내가 하나로 청명해지며 멀리서도 귀의하니 포대기로 아이를 업고 이르는 자가 헤아릴 수 없고 풍속의 조화, 군사와 준마(駿馬)의 풍성함은 모두 (사신인) 여례 등이 직접 듣고 보았소. 경은 고구려와 화목하지 못하여 수 차례 능멸과 침범을 당했으나 진실로 의에 순종하고 인으로써 지킨다면 어찌 원수의 침략을 걱정하겠는가. 전에 사신을 파견하여 바다를 건너 먼 변방의 나라를 위무하게 하였으나 몇 해가 지나도 가서 돌아오지 않고 생사와 도착 여부를 알 수가 없었소. 경이 보낸 안장은 예전의 것과 비교하니 중국의 물건이 아니오. 유사한 것을 가지고 의심할 수 없으니 필연의 과오가 일어난다면 권력 있는 지위에 오른 자(고구려)를 경략하는 법은 이미 별지에 갖추었소."

또한 조서를 내려 다음과 같이 말하였다. "고구려가 강함을 믿고 경의 영토를 침범하여 예전의 오랜 원한을 갚는다 하면서 백성을 쉬게 하는 커다란 덕을 버리고 병기가 교차된 지 여러 해, 변경이 황량해지고 어려움이 많다는 것을 알고 있소. (그대가 보낸) 사신은 신서(申胥; 오나라의 공격 때 진나라에 가서 정성으로 초나라의 구원을 요청한 신포서)의 정성을 겸비하였고 나라는 초(楚)와 월(越)나라의 위급함이 있으니, 대응하여 의를 펼치고 작은 힘을 보태 기회를 틈타 번개같이 공격해야 하오. 다만 고구려가 선대부터 번(藩)이라 칭하였고 조공을 한지 오래인지라, 그대들과 비록 예전부터 틈이 있을지라도 우리나라에게는 아직까지 영을 어긴 과오가 없었소. 경의 사신이 처음 통교하자마자 정벌해줄 것을 요청하여 이 사안에 고심하였으나 이치가 합당하지 않은 까닭에 지난 번 여례 등을 보내 평양에 이르러 그 이유와 상황을 증험하고자 하였소. 그러나 고구려가 여러 차례 주청(奏請)하고 사리가 모두 맞는지라 사신이 그 청을 무시할 수 없었고, 법으로도 그 책임을 물을 수 없는 까닭에 아뢴 것을 들어주어 조서로 여례 등을 소환하였소. 만약 지금이라도 다시 짐의 뜻을 어긴다면 과오와 허물이 날로 드러나, 후에 비록 스스로 진술한다 하여도 죄를 피할 수 없는 연후에야 군사를 일으켜 토벌한다면 의에 합당할 것이오. 구이(九夷)의 나라들은 대대로 해외에 살면서 도(道)가 신장된다면 번(蕃)으로서 의무를 다하고 은혜가 그친다면 (자기 나라의) 경계를 지킨 까닭에, 기미(羈縻)정책은 예전의 법에 나타나 있으나 고공(楛貢; 채찍을 가하는 정책)은 해마다 빠뜨렸소. 경은 강약의 형세를 갖추어 말하고 역대의 종적을 모두 열거하였으나 풍속이 다르고 사안도 틀려, 해줄 말은 생각해 보았으나 마음에 차지 않으니 큰 줄기와 대략적인 방향으로 이를 때가 있을 것이오. 지금 중국은 하나로 평정되어 경내에 근심이 없소. 매번 동쪽 끝까지 위엄을 펼쳐 변방에 깃발을 세우고 궁벽진 지방의 어려운 백성들을 구제하여 먼 지역까지 황제의 은덕을 펴고자 하나, 고구려는 질서를 지키고 있기 때문에 아직 정벌할 단계는 아니요. 지금 만약 조서의 요지를 따르지 않는다면 경이 와서 도모한 것이 짐의 뜻과 일치하므로 대대적인 군사를 일으키는 일은 장차 멀지 않을 것이니 미리 군사를 통솔하여 함께 거병합시다. 시기를 기다리면서 준비를 해놓고 때로 보고하는 사신을 보내어 속히 그들의 실정을 알려주시오. 군사를 일으키는 날 경이 길을 안내하는 선봉에 선다면 크게 승리한 후에 제일 큰 공로의 상을 받게 될 것이니 이 또한 기쁘지 아니한가."

또한 조서를 내려 연에게 소안 등을 호송하라고 했다. 소안 등이 고구려에 이르자 연은 예전에 여경과 원수 사이라고 말하고 동쪽으로 지나지 못하게 하였다. 소안 등은 이에 모두 귀환하니 조서를 내려 그들을 통절하게 꾸짖었다. 5년(475) 사신 소안 등이 동래(東萊)로부터 바다를 건너 여경에게 옥새가 있는 문서를 하사하여 그 정성과 절개를 포상하고자 하였으나 소안 등이 바닷가에 이르러 풍랑을 만나 표류하다 끝내 도달하지 못하고 되돌아왔다.

9. 『주서』 백제조

백제는 이전에 대개 마한에 속한 나라로 부여 계통이다. 구태(仇台)라는 자가 있어 처음 대방에 나라를 세웠다. 그 땅의 경계는 동으로는 신라에 다다르고, 북으로는 고구려와 접한다. 서쪽과 남쪽은 모두 큰 바다로 막혀 있다. 동서는 450리, 남북으로는 9백여 리이다. 도읍은 고마성(固麻城)이며, 그 바깥에 5방(方)이 있으니 중방은 고사성(古沙城), 동방은 득안성(得安城), 남방은 구지하성(久知下城), 서방은 도선성(刀先城), 북방은 웅진성(熊津城)이라 말한다.

　왕의 성은 부여씨로 어라하(於羅瑕)라고 부르고, 백성들은 건길지(鞬吉支)라 말하니, 중국 말로 모두 왕이다. 아내를 어륙(於陸)이라 부르는데 중국 말로 왕비이다. 벼슬에는 16품(品)이 있다. 좌평(左平)은 5명으로 1품이다. 달솔(達率)은 30명으로 2품이다. 은솔(恩率)은 3품, 덕솔(德率)은 4품, 한솔(扞率)은 5품, 나솔(奈率)은 6품으로, 6품 이상은 갓에 은으로 만든 꽃을 꽂는다. 장덕(將德)은 7품으로 자색 띠를 두른다. 시덕(施德)은 8품으로 흑색 띠를 두른다. 고덕(固德)은 9품으로 적색, 계덕(季德)은 10품으로 청색 띠를 두른다. 대덕(對德)은 11품, 문독(文督)은 12품으로 모두 황색 띠를 두른다. 무독(武督)은 13품, 좌군(佐軍)은 14품, 진무(振武)는 15품, 극우(克虞)는 16품으로 모두 흰색 띠를 두른다. 은솔 이하의 벼슬에는 정해진 인원이 없다.

　각각에 부사(部司)가 있어서 여러 업무를 나누어 맡는데, 내관(內官)에는 전내부(前內部)·곡부(穀部)·육부(肉部)·내략부(內掠部)·외략부(外掠部)·마부(馬部)·도부(刀部)·공덕부(功德部)·약부(藥部)·목부(木部)·법부(法部)·후관부(後官部)가 있다. 외관(外官)에는 사군부(司軍部)·사도부(司徒部)·사공부(司空部)·사구부(司寇部)·점구부(點口

部)·객부(客部)·외사부(外舍部)·주부(綢部)·일관부(日官部)·도시부(都市部)가 있다.

 도읍에는 만 가(家)가 있으며 나누어 5부(部)를 만들었으니, 상부(上部)·전부(前部)·중부(中部)·하부(下部)·후부(後部)라고 말하며 군사 500명을 거느린다. 5방(方)에는 각각 방령(方領) 1명이 있는데, 달솔로 삼았다. 군에는 장(將)이 3명 있는데, 덕솔로 삼았다. 방은 군사 1,200명 이하 700명 이상을 거느린다. 성 내외의 백성과 여러 작은 성들은 모두 나뉘어 이에 예속되었다.

 그 의복은 남자의 경우 대략 고구려와 동일하다. 군신이 하례할 때나 제사지낼 때는 갓 양쪽 곁에 새의 깃털을 달았고, 군사와 관련된 일에는 달지 않았다. 절하고 아뢰는 예절은 두 손을 땅에 대고 공경을 표시하였다. 부인의 옷은 도포이나 소매가 약간 크다. 처녀는 변발하여 머리에 돌렸고 뒤로 한 가닥 늘어뜨려 장식을 하였다. 시집간 여자는 두 갈래로 나누어 장식하였다. 무기로는 활과 화살, 칼과 창이 있다. 풍속은 말을 타고 활을 쏘는 일을 중히 여기며, 아울러 옛날 서적과 사서를 좋아하였고 뛰어난 자는 자못 글을 해독하거나 지을 줄 알았다. 또한 음양오행(陰陽五行)을 이해하였다. 송나라 원가력(元嘉曆)을 채용하여 인월(寅月)을 해의 으뜸으로 삼았고 또한 의약과 점괘, 점상(占相)의 기술을 이해하였다. 투호(投壺; 항아리에 화살 던지기)와 저포(樗蒲; 윷놀이와 비슷한 놀이) 등 잡다한 놀이가 있으며, 장기와 바둑을 더욱 좋아한다. 중과 비구니, 절과 탑은 매우 많으나 도사(道士)가 없다. 부역과 세금은 베와 명주, 삼베 및 쌀로 냈고 수량은 그 해의 수확에 따라 차등 있게 거두었다. 그 나라 형벌로 반란을 일으키거나 전쟁에서 퇴각한 자, 살인을 한 자는 참수하였다. 도둑질한 자는 유배시키고 훔친 물건의 2배를 징수하였다. 간통한 부인은 몰수하여 남편 집의 노비로 삼았다. 시집가거나 장가가는 예절은 대략 중국의 풍속과 같다. 부모나 남편이 죽으면 삼 년간 상복을 입었고 나머지 친척은 장례를 마치면 벗었다. 토지와 밭은 지대가 낮고 습하며, 기후는 따뜻하다. 오곡과 잡다한 과일, 채소, 술, 반찬, 약품은 대부분 중국과 동일하다. 오직 낙타, 당나귀, 노새, 양, 거위, 오리만 없다. 왕은 계절마다 중간 달에 하늘과 오제(五帝)의 신께 제사를 지내고, 또한 해마다 시조 구태의 사당에 4번 제사를 지낸다.

 진·송·(남)제·양나라가 양자강 동쪽에 웅거하고, 후위가 중원에 자리잡았을 때부터 나란히 사신을 보내어 번(藩)이라 칭하였고, 봉작을 받았다. (북)제가 중국 동쪽을 차지하였을 때 그 왕 륭이 또한 사신을 보냈다. 륭이 죽고 아들인 창(昌; 위덕왕)이 왕에 즉위하였다. 건덕(建德) 6년(577) (북)제가 멸망하자 창은 비로소 사신을 보내 여러 공물을 바쳤다. 선정(宣政) 원년(578) 또한 사신을 보내와 (공물을) 바쳤다.

10.『수서』백제조

 백제의 선대는 고구려에서 유래하였다. 그 나라 왕의 시녀가 갑자기 임신하여 왕이 죽이려하자 시비가 "형상이 달걀같이 생긴 물건이 나에게 와서 감응하여 임신이 되었다"라고 말하자 그녀를 풀어 주었다. 후에 드디어 한 사내아이를 낳았는데, 뒷간에 버렸으나 오래도록 죽지 않아 신비롭다고 생각하여 그를 기르도록 명령하였고, 이름을 동명(東明)이라 하였다. 장성하여 고구려왕이 시기하자 동명은 두려워하여 도망하여 엄수(淹水)에 이르렀는데, 부여 사람이 함께 그를 받들었다.

동명의 후손으로 구태라는 자가 있었는데 어질고 신의가 돈독하여 비로소 대방의 옛 땅에 나라를 세웠다. 한나라 요동태수 공손도(公孫度)가 딸을 시집보냈으며, 점차 강성해져 동이의 강국이 되었다. 처음에 백 가(家)가 바다를 건넜다 하여 백제라 불렀다. 10여 대를 이어 중국에 신속하였으며, 앞의 사서에 상세한 기록이 실려 있다. 개황(開皇) 초 그 왕 여창이 사신을 보내어 여러 공물을 바쳤으며, 창을 상개부(上開府) 대방군공 백제왕으로 삼았다.

그 나라는 동서로 450리, 남북으로 900여 리이다. 남으로는 신라와 접하고 북으로는 고구려가 가로막았다. 그 도성을 거발성(居拔城)이라고 부른다. 벼슬에는 16품이 있다. 으뜸이 좌평(左平)이며, 그 다음은 대솔(大率)·은솔·덕솔·우솔(杅率)·나솔·장덕의 순서이며, (모두) 자색 띠를 착용한다. 다음은 시덕이며 흑색 띠를 두른다. 다음은 고덕이며 적색 띠를 두른다. 다음은 이덕(李德)이며, 청색 띠를 두른다. 그 다음으로 대덕 이하는 모두 황색 띠를 두른다. 그 다음은 문독·무독·좌군·진무·극우(剋虞)이며 모두 흰색 띠를 착용한다. 관제(冠制)는 동일하고, 오직 나솔 이상만 은화로 장식한다. 장사(長史)는 3년마다 한 번 교대한다.

　기내(畿內)는 5부로 편제하였고, 부에는 5항(巷)이 있어 벼슬아치와 서민들이 거주하였다. 5방에는 각기 방령 1명이 있었고, 방좌(方佐)가 보좌한다. 방에는 10군이 있고, 군에는 장(將)이 있다. 사람들은 신라·고구려·왜인 등이 섞여 있고 중국인도 있다.

　의복은 고구려와 대략 같다. 부인은 분을 바르거나 눈썹을 그리지 않았고, 여자는 변발하여 뒤로 늘어뜨리고 시집가면 두 갈래로 나누어 머리 위로 돌렸다. 풍속은 말을 타고 활을 쏘는 일을 좋아하였고 서적과 사서를 읽어 관리 일도 능통하다. 또한 의약과 점괘, 점상 보는 기술도 안다. 두 손을 땅에 대고 공경을 표시하였으며, 중과 비구니가 있고 절과 탑이 많다. 북과 뿔로 만든 피리, 공후(箜篌; 하프와 비슷한 현악기), 쟁(箏; 거문고 종류), 우(竽; 피리 종류), 호(箎; 대나무로 만든 악기로 구멍을 불어 소리를 냄), 적(笛; 피리 종류)이라는 악기가 있고, 투호·바둑·저포·악삭(握槊; 쌍륙과 비슷한 놀이)·농주(弄珠; 구슬을 던지며 노는 놀이)라는 오락도 있다. 송나라 원가력을 채용하여, 인월을 해의 으뜸으로 삼았다. 나라에는 대성(大姓)이라 불리는 8가계가 있었는데, 사씨(沙氏)·연씨(燕氏)·리씨(刕氏)·해씨(解氏)·정씨(貞氏)·국씨(國氏)·목씨(木氏)·백씨(苩氏) 등이 있다. 혼례는 중국과 동일하며, 상제(喪制)는 고구려와 같다. 오곡과 소와 돼지·닭이 있으며, 대부분 불로 구워먹지 않는다. 그 나라의 밭은 지대가 낮고 습하여 사람은 모두 산에 거주하며, 커다란 밤이 있다. 4계절마다 중간 달에 왕은 하늘과 오제의 신께 제사를 지낸다. 그 시조 구태묘를 도성에 세우고, 해마다 네 번 제사를 지낸다. 나라 서남에 사람이 살고 있는 섬은 15개이며, 모두 성읍이 있다.

  진나라를 평정한 해에 한 전함이 표류하여 바다 동쪽 침모라국(躭牟羅國)에 이르렀다. 그 배가 돌아올 때 백제를 경유하자 여창이 재물을 매우 두텁게 보내고 아울러 사신을 보내 표문을 올리고 진나라를 평정한 것을 경하하였다. 고조가 기뻐하여 조서를 다음과 같이 내렸다. "백제왕이 (수나라가) 진나라를 평정한 것을 듣고 멀리서 표문을 올렸으나, 왕복이 매우 어렵고 만약 풍랑이라도 만나면 곧 치명적인 상해와 손해가 되오. 백제왕의 마음과 순박함은 짐이 이미 잘 아오. 서로의 거리는 비록 멀어도 일은 얼굴을 맞대고 말하는 것과 동일하니 어찌 자주 사신을 보내와 서로 격식을 갖출 필요가 있겠는가. 지금 이후로 모름지기 해마다 조공을 하지 않아도 되고, 짐 또한 사신을 보내지 않으려니 왕은 마땅히 알아서 하시오." 사신은 춤을 추며 돌아갔다.

  개황 18년(598) 여창의 사신으로 장사 왕변나(王辯那)가 와 여러 공물을 바쳤다. 마침 요동의 전쟁(수와 고구려의 전쟁)이 있자 사신을 보내 표문을 올리고 군의 선두가 될 것을 청하였다. 황제가 조서를 내려 "지난 해에 고구려가 조공의 직무를 하지 않고 신하의 예를 잃어버려 장수에게 토벌하라고 하였소. (그러자) 높은 관리와 원로, 임금과 신하들이 두려워하여 복종하고 죄를 비니 짐은 이미 용서하여 정벌할 수 없었소"

라고 하며, 그 사신을 대우하여 보냈다. 고구려가 자못 이 사실을 알고 병사를 보내 그 국경을 침략하였다.

 여창이 죽고 아들인 여선(餘宣; 법왕)이 왕위에 올랐고, (그가) 죽자 자식인 여장(餘璋; 무왕)이 왕위에 올랐다.

 대업(大業) 3년(607) 장이 사신 연문진(燕文進)을 보내 조공하였다. 그 해 또한 사신 왕효린(王孝鄰)을 보내 공물을 바치고 고구려를 토벌하길 청하였다. 양제가 그것을 허락하고 고구려의 동정을 엿볼 것을 명하였다. 그러나 여장의 속내는 고구려와 화친하는 것이어서 속일 마음을 가지고 중국을 엿본 것이다. 7년 황제가 친히 고구려를 정벌하려 하자 여장의 사신으로 신하인 국지모(國智牟)가 와 군대의 (출병) 시기를 물었다. 황제가 크게 기뻐하여 상을 후하게 주고 상서기부랑(尙書起部郞) 석률(席律)을 보내 백제에 이르러 서로 (시기를) 알게 하였다. 다음 해 육군(六軍)이 요하를 건너자 장 또한 국경에 군사를 급하게 배치하였으나 말로는 군사를 지원한다 하고 실제로는 두 마음을 가지고 있었다. 이어 신라와 틈이 생겨 매번 서로 전쟁하였다. 10년(614) 사신을 보내 조공하였다. 후에 천하가 어지러워지자 사신이 마침내 끊겼다.

 그 나라 남쪽 바다에 3달을 가면 침모라국이 있는데 남북으로 천여 리, 동서로 수백 리이며 땅에는 노루와 사슴이 많다. 백제에 복속하였으며 백제로부터 서쪽으로 3일을 가면 맥국(貊國)에 이른다 한다.

11. 『북사』 백제조

백제국은 대개 마한에 속하였고 색리국(索離國)에서 나왔다. 그 왕이 외출 중에 시녀가 후궁에서 임신하였다. 왕이 돌아와 죽이려고 하자 시녀가 "전에 하늘에서 큰 달걀 같은 기운이 내려오는 것을 보았는데 감응하여 임신이 되었다"라고 말하자 왕은 그녀를 풀어 주었다. 후에 사내아이를 낳았는데 왕은 그를 돼지우리에 버렸으나 돼지가 입으로 기운을 불어 넣어 죽지 않았다. 뒤에 마구간으로 옮겼으나 말 또한 똑같이 하였다. 왕이 신비하다고 여겨 기르도록 하였고, 이름을 동명이라 하였다. 장성하여 활을 잘 쏘았고, 왕이 그 용맹함을 시기하여 다시 죽이려고 하였다. 동명은 이에 도망하여 남쪽으로 엄체수(淹滯水)에 이르러 활로 물을 부딪치니 물고기와 자라들이 모두 다리를 만들었다. 동명은 그것을 타고 건널 수 있었고, 부여에 이르러 왕이 되었다.

동명의 후손에 구태라는 자가 있어 어질고 신의가 두터워 나라를 대방의 옛 땅에 세웠다. 한나라 요동태수 공손도가 딸을 시집보냈고, 드디어 동이의 강국이 되었다. 처음에 백 가(家)가 건넜다 하여 (나라 이름을) 백제라 불렀다.

그 나라 동쪽은 신라에 다다르고 북쪽은 고구려와 접한다. 서쪽과 남쪽은 모두 큰 바다로 막혀 있다. 동서 450리, 남북 900여 리이다. 그 도읍은 거발성 또는 고마성이라 한다. 그 바깥에 5방(方)이 있으니, 중방은 고사성, 동방은 득안성, 남방은 구지하성, 서방은 도선성, 북방은 웅진성이라 말한다.

　왕의 성은 여씨(餘氏)로 '어라하'라 부르고, 백성들은 '건길지'라 말하니, 중국 말로 모두 왕이다. 왕의 아내를 '어륙'이라 부르는데 중국 말로 왕비이다. 벼슬에는 16품(品)이 있다. 좌평은 5명으로 1품이다. 달솔은 30명으로 2품이다. 은솔은 3품, 덕솔은 4품, 우솔(杆率)은 5품, 나솔은 6품으로, 6품 이상은 갓에 은으로 만든 꽃을 꽂는다. 장덕은 7품으로 자색 띠를 두른다. 시덕은 8품으로 흑색 띠를 두른다. 고덕은 9품, 계덕은 10품으로 청색 띠를 두른다. 대덕은 11품, 문독은 12품으로 모두 황색 띠를 두른다. 무독은 13품, 좌군은 14품, 진무는 15품, 극우(剋虞)는 16품으로 모두 흰색 띠를 두른다. 은솔 이하의 벼슬에는 정해진 인원이 없다.

　각각에 부사(部司)가 있어서 여러 업무를 나누어 맡는데, 내관에는 전내부·곡내부(穀內部)·내략부·외략부·마부·도부·공덕부·약부·목부·법부·후궁부(後宮部)가 있다. 외관(外官)에는 사군부·사도부·사공부·사구부·점구부·객부·외사부·주부·일관부·시부(市部)가 있다. 장리(長吏)는 3년마다 한 번 교대한다.

　도읍에는 만 가(家)가 있으며 나누어 5부를 만들었으니, 상부·전부·중부·하부·후부라고 말한다. 부에는 5항이 있어 벼슬아치와 서민들이 거주하였다. 부는 군사 500명을 거느린다. 5방에는 각각 방령 1명이 있는데 달솔로 삼았고, 방좌가 보좌한다. 방에는 10군이 있고 군에는 장(將)이 3명 있는데, 덕솔로 삼았다. 군사는 1,200명 이하 700명 이상을 거느린다. 성 내외의 백성과 여러 작은 성들은 모두 나뉘어 이에 예속되었다.

　사람들은 신라·고구려·왜인 등이 섞여 있고 중국인도 있다. 그 음식과 의복은 고구려와 대략 같다. 군신이 하례할 때나 제사지낼 때는 갓 양쪽 곁에 새의 깃털을 달았고, 군사와 관련된 일에는 하지 않았다. 절하고 아뢰는 예절로는 두 손을 땅에 대고 공경을 표시한다. 부인은 분을 바르거나 눈썹을 그리지 않았다. 여자는 변발하여 뒤로 늘어뜨리고 시집가면 두 갈래로 나누어 머리 위로 돌렸다. 의복은 도포와 유사하나 소매가 약간 크다. 무기로는 활과 화살, 칼과 창이 있다. 풍속에는 말을 타고 활을 쏘는 일을 중히 여기며, 아울러 옛날 서적과 사서를 좋아하였다. 뛰어난 자는 자못 글을 해독하거나 지을 줄 알았으며 관리 일에도 능숙하였다. 또한 의약과 점괘, 관상술과 음양오행을 알았다. 중과 비구니가 있고 절과 탑이 많으나 도사가 없다. 북과 뿔로 만든 피리·공후·쟁우·호적이라는 악기가 있고, 투호·저포·농주·악삭 등의 여러 오락이 있으며, 특히 바둑을 좋아한다. 송나라 원가력을 채용하여, 인월(寅月)을 해의 으뜸으로 삼았다. 부역과 세는 베와 명주, 삼베 및 쌀로 냈고 수량은 그 해의 수확에 따라 차등있게 거두었다. 그 나라 형벌로 반란을 일으키거나 전쟁에서 퇴각한 자, 살인을 한 자는 참수하였다. 도둑질한 자는 유배시키고 훔친 물건의 2배를 징수하였다. 간통한 부인은 몰수하여 남편 집의 노비로 삼았다. 시집가거나 장가가는 예절은 대략 중국의 풍속과 같다. 부모나 남편이 죽으면 삼 년간 상복을 입었고 나머지 친척은 장례를 마치면 (상복을) 벗었다. 토지와 밭은 습하고 기후는 따뜻하며, 사람은 모두 산에 거주한다. 오곡과 잡다한 과일·채소·술·안주와 반찬은 대부분 중국과 동일하다. 오직 낙타·당나귀·노새·양·거위·오리 등은 없다. 나라에는 대성(大姓)이라 불리는 8가계가 있었는데, 사씨·연씨·리씨·해씨·진씨·국씨·목씨·백씨 등이 있다. 왕은 4계절마다 중간 달에 하늘과 오제의 신께 제사를 지낸다. 그 시조 구태묘를 도성에 세우고 해마다 네 번 제사를 지낸다. 나라 서남에 사람이 살고 있는 섬은 15개이며, 모두 성읍이 있다.

위나라 연흥 2년(472) 그 왕 여경이 처음으로 관군장군 부마도위 비사후 장사 여례와 용양장군 대방태수 사마 장무 등을 파견하여 표문을 올리고 스스로 통교하며, 다음과 같이 아뢰었다. "신이 고구려와 같이 뿌리는 부여에서 나와 선대에는 예전의 성의를 돈독하게 유지하였으나 그 조상인 소가 이웃의 우호를 가볍게 여겨 신의 국경을 함부로 짓밟았습니다. (이에) 신의 조상인 수가 군사를 정돈하여 번개같이 다다라 소의 머리를 효수하니 이후로 감히 남쪽을 넘보지 못하였습니다. (그러나) 풍씨의 수명이 다하고 그 남은 무리들이 (고구려로) 도망온 이후로 추악한 무리들이 점점 강성해져 마침내 능멸과 핍박을 당하게 되어 원한을 맺고 화가 연달아 미친지 30여 년이 되었습니다. 만약 천자의 자비와 넘치는 연민이 멀리 해외까지 미치지 않은 곳이 없다면 속히 한 명의 장수를 보내시어 신의 나라를 구원해 주십시오. (그렇다면) 당연히 저의 미천한 딸을 보내어 후궁에서 청소를 하게 하고 아울러 자제들을 보내어 마구간에서 말을 치는 마부로 삼겠으며, 한 척의 땅과 한 사람이라도 감히 저의 것이라 하지 않겠습니다. 지난 경진년 이후에 신의 서쪽 경계 바다 가운데 시신이 10여 구가 발견되었고 아울러 옷과 기물, 안장과 재갈을 얻었는데 그것을 살펴보니 고구려의 물건이 아니었습니다. 후에 들으니 이는 폐하의 사신이 신의 나라에 오려는 것을 기다란 뱀(고구려)이 길을 막고 바다에 침몰시켰다 합니다. 지금 획득한 안장 하나를 바치오니 이것이 실제 증험이 될 것입니다."

헌문제(獻文帝)가 궁벽진 먼 곳에서 위험을 무릅쓰고 조공함을 가상히 여겨 예우를 더욱 두텁게 하고 사신 소안을 파견하여 그 나라 사신과 함께 돌아가게 하면서 다음과 같이 조서를 내렸다. "표문을 받고 큰 탈이 없다 들었소. 경은 고구려와 화목하지 못하여 능멸과 침범을 당했으나 진실로 의에 순종하고 인으로써 지킨다면 어찌 원수의 침략을 걱정하겠는가. 전에 사신을 파견하여 바다를 건너 먼 변방의 나라를 위무하게 하였으나 몇 해가 지나도 가서 돌아오지 않고 생사와 도착 여부를 알 수가 없었소. 경이 보낸 안장은 예전의 것과 비교하니 중국의 물건이 아니오. 유사한 것을 가지고 의심할 수 없으니 필연의 과오가 일어난다면 권력 있는 지위에 오른 자(고구려)를 경략하는 법은 이미 별지에 갖추었소." 또한 조서를 내려 다음과 같이 말하였다. "고구려가 선대부터 번(藩)이라 칭하였고 조공을 한지 오래인지라 그대들과 비록 예전부터 틈이 있을지라도 우리나라에게는 아직까지 영을 어긴 과오가 없었소. 경의 사신이 처음 통교하자마자 정벌해줄 것을 요청하여 이 사안에 고심하였으나 이치가 합당하지 않았소. 헌상한 비단과 해산물이 비록 다 도착하지 않았으나 경의 지극한 정성은 분명하여 지금 여러 물건을 별지와 같이 하사하오." 또한 조서를 내려 련(고구려 장수왕)에게 소안 등을 호송하라고 했다. 고구려에 이르자 련은 예전에 여경과 원수 사이라고 말하고 동쪽으로 지나지 못하게 하였다. 소안 등은 이에 모두 귀환하니 조서를 내려 그들을 통절하게 꾸짖었다. 5년 사신 소안 등이 동래로부터 바다를 건너 여경에게 옥새가 있는 문서를 하사하여 그 정성과 절개를 포상하고자 하였다. 소안 등은 바닷가에 이르러 풍랑을 만나 표류하다 끝내 도달하지 못하고 되돌아왔다.

진·송·(남)제·양나라가 양자강 동쪽에 웅거한 이래 사신을 보내어 번(藩)이라 칭하였고, 봉작도 받았다. 또한 (북)위와도 (왕래를) 끊이지 않았다. (북)제가 동위로부터 왕조를 물려받았을 때에도 그 왕 륭이 또한 사신을 보냈다. 륭이 죽고 아들인 여창 또한 (북)제에 사신을 보냈다. 무평(武平) 원년(570) (북)제의 다음 임금이 여창을 사지절 시중(侍中) 거기대장군(車騎大將軍) 대방군공 백제왕으로 삼아 예전과 같이 하였다. 또한 2년에 여창을 지절 도독 동청주제군사(東靑州諸軍事) 동청주자사(東靑州刺史)로 삼았다. 주나라 건덕 6년(577) (북)제가 멸망되자 여창은 비로소 사신을 보내 (북)주와 통교하였다. 선정 원년(578) 또한 사신을 보내와 (공물을) 바쳤다.

수나라 개황 초 여창이 또한 사신을 보내 여러 물건을 바치자 상개부

(上開府) 대방군공 백제왕으로 벼슬을 내렸다. 진나라를 평정한 해에 전함이 표류하여 바다 동쪽 침모라국에 이르렀다. 그 배가 돌아올 때 백제를 경유하자 여창이 재물을 매우 두텁게 보내고 아울러 사신을 보내 표문을 올리고 진나라를 평정한 것을 경하하였다. 문제(文帝)가 기뻐하여 조서를 내려 "그대 나라는 멀리 떨어져 있어 왕래가 매우 어려우니 지금 이후로 모름지기 해마다 조공을 하지 않아도 된다"라고 하였다. 사신은 춤을 추며 돌아갔다. 18년(598) 여창의 사신으로 장사 왕변나가 와 여러 공물을 바쳤다. 마침 요동의 전쟁이 있자 사신을 보내 표문을 올리고 군의 선두가 될 것을 청하였다. 황제가 조서를 내려 "지난해에 고구려가 조공을 하는 직무를 하지 않고 신하의 예를 잃어버려 장수에게 토벌하라고 하였소. (그러자) 높은 관리와 원로, 임금과 신하들이 두려워하여 복종하고 죄를 비니 짐은 이미 용서하여 정벌할 수 없었소"라고 하며, 그 사신을 대우하여 보냈다. 고구려가 자못 그 사실을 알고 군사를 보내 그 국경을 침략하였다.

여창이 죽고 아들인 여선(법왕)이 왕위에 올랐고, (그가) 죽자 자식인 여장(무왕)이 왕위에 올랐다. 대업 3년(607) 장이 사신 연문진을 보내 조공하였다. 그 해 또한 사신 왕효린을 보내 공물을 바치고 고구려를 토벌하길 청하였다. 양제가 그것을 허락하고 고구려의 동정을 엿볼 것을 명하였다. 그러나 장의 속내는 고구려와 화친하는 것이어서 속일 마음을 가지고 중국을 엿본 것이다. 7년 황제가 친히 고구려를 정벌하려 하자 장의 사신으로 신하인 국지모가 와 군대의 (출병) 시기를 물었다.

황제가 크게 기뻐하여 상을 후하게 주고 상서기부랑 석률을 보내 백제에 이르러 서로 (시기를) 알게 하였다. 다음 해 육군(六軍)이 요하를 건너자 장 또한 국경에 군사를 급하게 배치하니 말로는 군사를 지원한다 하고 실제로는 두 마음을 가지고 있었다. 이어 신라와 틈이 생겨 매번 서로 전쟁하였다. 10년(614) 사신을 보내 조공하였다. 후에 천하가 어지러워지자 사신이 마침내 끊겼다.

그 나라 남쪽 바다에 3달을 가면 침모라국이 있는데 남북으로 천여 리, 동서로 수백 리며, 땅에는 노루와 사슴이 많다. 백제에 복속하였으며 백제로부터 서쪽으로 3일을 가면 맥국에 이른다 한다.

12. 『구당서』 백제조

백제는 본래 부여의 별종(別種)이었고, 일찍이 마한의 옛 땅에 자리잡았다. 수도(장안)로부터 동쪽으로 6,200리에 있고 큰 바다의 북쪽, 작은 바다의 남쪽에 산다. 동북으로는 신라에 이르고 서쪽으로 바다를 건너 월주(越州)에 이른다. 남으로는 바다를 건너 왜국에, 북으로는 바다를 건너 고구려에 이른다. 그 나라 왕이 거주한 곳에는 동서 두 성이 있다.

내관(內官)을 두었는데, "내신좌평(內臣佐平)은 왕의 명령을 알리고 보고하는 일을 맡으며, 내두좌평(內頭佐平)은 창고와 재정에 관한 일을 맡고, 내법좌평(內法佐平)은 예법과 의례에 관한 일을 맡고, 위사좌평(衛士佐平)은 왕과 궁궐을 지키는 군사 업무를 맡고, 조정좌평(朝廷佐平)은 형벌과 감옥에 관한 일을 맡고, 병관좌평(兵官佐平)은 대외 군사 업무를 맡는다"고 한다.

또한 지방에는 6대방(帶方)이 있어 10군을 관할한다. 법을 적용하는데, 반역을 하는 자는 죽이며 그 가족의 재산을 몰수하고 처벌한다. 남을 죽인 자는 노비 3명으로 속죄하게 한다. 벼슬아치로 재물을 받은 자와 훔친 자는 3배를 추징하고 종신토록 금고형에 처한다. 무릇 여러 부세(賦稅)와 토산물은 대부분 고구려와 동일하다.

왕의 복장은·소매가 큰 자주색 도포에 청색 비단 바지를 입고, 검은 비단을 두른 관에 금빛 꽃무늬로 장식하며, 흰색 가죽 띠에 검은 가죽 신을 신는다. 벼슬아치는 붉은 색의 옷을 입고 은빛 꽃으로 관을 장식한다. 백성들은 붉은색이나 자주색 옷을 입을 수 없다. 세시(歲時; 한 해의 절기나 달)와 삼복(三伏)·납일(臘日; 동지 후 셋째 술일(戌日)]은 중국과 같다. 그 나라 서적에는 오경과 자부(子部)·사서가 있으며, 또한 표(表)와 소(疏)는 모두 중국의 법에 따른다.

무덕(武德) 4년(621) 그 나라 왕 부여장이 사신을 보내와 과하마를 바쳤다. 7년 대신을 보내 표문을 올리고 조공하였다. 고조가 그 정성을 가상히 여겨 사신을 보내 대방군왕 백제왕으로 책봉하였다. 이로부터 해마다 (사신을) 보내 조공하니 고조가 위무하고 매우 우대하였다. 이 때문에 고구려가 길을 막아 중국과 통교하지 못하도록 한다고 호소하니 조서로 주자사(朱子奢)를 보내서 그들을 화해시켰다. 또한 신라와는 대대로 원수가 되어 자주 서로 침략하였다.

정관(貞觀) 원년(627) 태종이 (백제) 왕에게 옥새가 찍힌 문서를 주면서 다음과 같이 말하였다. "왕은 대대로 임금이 되어 동쪽의 번(蕃)을 위무하고 소유하였소. 바다 외진 곳 머나먼 땅에서 험한 풍랑이 가로막아도 충성과 정성으로 이르러 조공의 직무를 계속하니 오히려 훌륭한 일로 매우 가상하고 위로할만하다고 생각하오. 짐은 삼가 총명(寵命)을 계승한 이후 천하에 군림하여 왕도(王道)를 넓히고 백성들을 사랑으로 기르려는 생각을 가지고 있소. 배와 마차가 통하고 바람과 비가 미치는 곳이라면 나의 생각을 성취하여 모두 잘 다스려 평안해지길 기대하오. 신라왕 김진평(金眞平)은 짐의 번신(藩臣)으로 왕의 이웃인데, 매번 듣건대 군사를 파견하여 끊임없이 정복과 토벌을 하고 군사에 의지하여 잔인한 일을 쉽게 한다고 하니 바라던 생각과 매우 어긋났소. 짐은 이미 왕의 조카 신복(信福; 복신) 및 고구려와 신라 사신을 대질시켜 통교와 화해를 하라는 조칙을 내리자 모두 화목한다고 하였소. 왕은 반드시 이전의 원한을 잊고 짐의 본 마음을 인지하여 함께 이웃의 정을 돈독히 하여 즉시 전쟁을 멈추어 주시오." 장은 이에 사신을 보내 표문을 올리고 사의를 표하며 비록 겉으로는 명을 따르는 것처럼 하였으나 속내는 전과 같이 서로 원수 사이였다.

11년(637) 사신을 보내와 조공을 하고 철제 갑옷과 글자를 새긴 도끼를 바쳤다. 태종이 노고를 더욱 치하하고 빛깔이 고운 비단 3,000단과 비단으로 만든 도포 등을 하사하였다.

15년(641) 장이 죽고 그 아들인 의자(義慈)가 사신을 보내 표문을 올리고 슬픔을 알렸다. 태종은 소복을 입고 곡을 하며, 광록대부(光祿大夫)를 추증하고 부의(賻儀) 200단을 내렸으며, 사신을 보내 의자를 주국(柱國)으로 책봉하고 대방군왕 백제왕으로 임명하였다.

16년(642) 의자가 군사를 일으켜 신라 40여 성을 정벌하고 군사를 징발하여 이를 지켰다. 고구려와 화친하여 우호하면서 당항성(黨項城)을 취하여 신라가 조공하는 길을 끊고자 도모하였다. (이에) 신라는 사신을 보내 위급함을 알리고 구원을 청하니 태종이 사농승(司農丞) 상리현장(相里玄獎)을 보내 조서로 두 나라를 널리 깨우쳐 재화(災禍)와 복되는 길에 대한 교시를 하였다. 태종이 친히 고구려를 정벌하자 백제는 두 마음을 품고 허점을 이용하여 신라의 10성을 습격하여 빼앗았다. 22년(648) 또한 10여 성을 빼앗았고, 수년 동안 조공이 마침내 끊어졌다.

고종이 제위를 계승하자 영휘(永徽) 2년(651) 비로소 사신을 보내 조공하였다. 사신이 돌아갈 적에 옥새가 찍힌 문서를 의자에게 수여하면서 다음과 같이 말하였다. "해동 삼국이 나라를 만들어 기초를 다진지 오랫동안 모두 영토를 맞대면서 땅이 실로 들쑥날쑥하였소. 근래에 드디어 혐오하고 사이가 벌어지면서 전쟁이 계속 일어나 대부분 편안한 날이 없었소. 마침내 삼한의 백성들 운명이 도마 위에 매달려 평소 창으로 분풀이를 거리낌없이 행하는 것이 아침저녁으로 서로 거듭하였소. 짐은 하늘을 대신하여 만물을 다스리는데 (이들에게) 깊은 연민을 가지고 있소. 지난 해 왕과 고구려·신라 등의 사신이 함께 와 조공하니 짐은 쌓인 원한을 풀어버리고 다시 정성과 화목을 돈독히 하라고 명하였소. 신라의 사신 김법민(金法敏)이 국서를 바치며 '고구려와 백제는 이와 잇몸처럼 서로 의지하면서 경쟁적으로 군사를 일으켜 번갈아 침략하고 핍박하고 있습니다. 큰 성과 중요한 요충지가 아울러 백제에게 병합되어 영토가 날로 줄어들고 위력 또한 없어졌습니다. 바라옵건대 백제에 조칙을 내려 침략한 성을 돌려주라 명령하십시오. 만약에 조칙을 받들지 아니하면 우리 스스로 군사를 일으켜 공격하여 취하되 다만 옛 땅만 얻는다면 곧바로 서로 화해하고자 요청합니다'라고 아뢰니 짐은 그 말이 순리적이라고 생각하여 허락하지 않을 수 없었소. 옛날 제나라의 환공(桓公)은 제후의 자리에 있으면서 오히려 망하는 나라를 존속시켰는데, 하물며 짐은 모든 나라의 임금으로 있으면서 어찌 위기에 처한 번국(藩國)을 가엾이 여기지 않을 수 있겠는가. 왕은 빼앗은 신라의 성을 모두 본래의 나라에 돌려주는 것이 마땅하며, 신라도 노획한 백제의 포로를 또한 보내어 왕에게 돌려주어야 할 것이오. 그러한 연후에 근심을 녹이고 분쟁을 푼다면 전쟁을 멈춰 태평함에 이를 것이니 백성은 쉬고 싶은 소원을 얻고, 세 번국은 전쟁의 노고가 없을 것이오. 무릇 변경의 정(亭)에 유혈이 낭자하고 영토에 시체가 쌓이며, 농사와 직물이 모두 모두 없어져서 선비와 여자가 의지할 곳이 없는 것과 비교할 수 있겠는가! 왕이 만약 (전쟁을) 그치라는 충고를 따르지 않는다면 짐은 이미 법민이 청한 말에 따라 왕과 마음대로 싸우도록 할 것이오. 또한 고구려와 약속하여 멀리서 서로 구원하지 않도록 할 것이오. 고구려가 만약 이 명령을 따르지 않는다면 즉시 거란의 여러 번에게 명령을 내려 요하를 건너가 침략하도록 할 것이오. 왕은 짐의 말을 가급적 깊이 생각하여 스스로 많은 복을 구하고 심도 있는 현명한 계책을 도모하여 후회가 거의 없도록 하시오."

6년(655) 신라왕 김춘추(金春秋)가 또한 표문을 올려 백제와 고구려·말갈이 북쪽 경계 지역을 침탈하여 이미 30여 성을 빼앗겼다고 말하였다. 현경(顯慶) 5년(660) 좌위대장군(左衛大將軍) 소정방(蘇定方)에게 군사를 이끌고 토벌하도록 명하여 그 나라를 크게 무찔렀다. 의자와 태자 륭(隆), 소왕 효(孝)와 연(演), 위장(僞將; 자칭한 장군) 58명 등을 사로잡아 수도로 보내자, 황제는 그들을 꾸짖고 용서하였다.

그 나라는 예전에 5부로 나뉘었고 37군과 200성을 통솔하였으며, 76만 호(戶)이다. 이에 이르러 그 땅을 나누어 웅진·마한·동명 등 5도독부를 설치하고 각각 주와 현을 통솔하게 하였으며, 그 추장과 거수(渠帥)를 도독·자사 및 현령으로 삼았다. 우위랑장(右衛郎將) 왕문도(王文度)를 웅진도독으로 삼고 군사를 총괄하여 진주하게 하였다.

의자는 부모를 섬김에 효행이 있다는 소문이 났고 형제간에도 우애가 깊어 이 때 사람들이 해동의 증자(曾子)와 민자(閔子)라고 불렀다. 수도에 이른지 며칠만에 죽자 금자광록대부(金紫光祿大夫) 위위경(衛尉卿)으로 추증하고 특별히 옛 신하들이 상가에 나가 곡을 할 수 있도록 허락하였다. 손호(孫皓)와 진숙보(陳叔寶)의 무덤 옆에 장례를 치르도록 하고 아울러 비석도 세워 주었다.

(왕)문도가 바다를 건너자 죽었다. 백제의 승려 도침(道琛)과 예전의

장수였던 복신(福信)이 무리를 거느리고 주류성(周留城)에 웅거하여 반란을 일으켰다. 사신을 보내 왜국으로 가 옛 왕자 부여풍(夫餘豊)을 맞이하여 왕으로 옹립하였다. 서부와 북부가 모두 성을 뒤엎어 이에 호응하였다. 이 때 낭장 유인원(劉仁願)은 백제부성(百濟府城)에 머물러 진주하였는데, 도침 등이 군사를 이끌고 포위하였다. 대방주 자사 유인궤(劉仁軌)가 문도를 대신하여 무리를 통솔하고 신라 군사를 징발하여 지름길로 합류함으로써 인원을 구원하였으며, 계속 싸우면서 나아가니 향한 곳은 모두 항복하였다.

도침 등이 웅진강 입구에 두 책(柵)을 세워 관군을 막자 인궤가 신라

최근 주류성으로 주목받고 있는 부안 우금산성 모습

군사와 더불어 사면에서 협공하였다. 적의 무리가 퇴각하여 책 안으로 도주하면서, 험한 물살에다 다리가 좁아 물에 빠지고 전사한 사람이 만여 명이었다. 도침 등이 이에 인원의 포위를 풀어주고 임존성(任存城)으로 물러나 지켰다. 신라 병사는 군량이 다하여 귀환하니 이 때가 용삭(龍朔) 원년(661) 3월이다.

 이에 도침이 스스로 영군장군(領軍將軍)이라 칭하고, 복신도 스스로 상잠장군(霜岑將軍)이라 칭하며 반란하고 도망간 이들을 모아 유혹하니, 그 세가 더욱 확장되었다. 이어 인궤에게 "듣자하니 대당(大唐)이 신라와 서약하여 백제인은 노인과 어린애 할 것 없이 모두 죽인 연후에 나라를 신라에 준다 하였소. (앉아서) 죽음을 당하기보다 어찌 싸워 죽는 것이 낫지 않겠는가! (이것이) 무리를 모아서 스스로 굳게 지키는 이유이오"라고 고지하였다. 인궤가 문서를 만들어 재난과 복됨을 자세히 설명하고, 사신을 보내 깨우쳐 주었다. 도침 등은 무리가 많음을 믿고 교만하여 인궤의 사신을 관청 밖에 있게 하고 말을 전하여 "사신의 관직이 낮기 때문에 한 나라의 대장인 내가 스스로 참석하는 것은 합당하

부여박물관 야외전시실에 진열되어 있는 유인원 기공비.

지 않다"라고 하며 문서에 대한 대답도 하지 않고 보냈다. 이어 복신이 도침을 죽이고 그 병사들을 합병하니 부여풍은 다만 제사를 주관할 뿐이었다.

 2년(662) 7월 인원과 인궤 등이 진에 머무르고 있는 병사들을 이끌고 웅진의 동쪽에서 복신의 남은 무리들을 크게 무찌르고 지라성(支羅城)과 윤성(尹城)과 대산(大山)·사정(沙井) 등의 책을 빼앗았으며, 죽이고 사로잡은 자가 매우 많아 군사를 나누어 지키도록 하였다. 복신 등은 진현성(眞峴城)이 강에 맞닿아 있으면서 높고 험준하여 의당 요충지라 생각하여 군사를 더해 지키게 하였다. 인궤가 신라의 군사를 이끌고 밤을 틈타 성의 낮은 쪽 사면으로 성벽의 담을 잡고 위로 오르니 (날이) 밝아질 무렵 성에 들어가 점거하여 머리를 8백 급이나 베어 드디어 신라의 군량을 운반하는 길과 통할 수 있었다. 인원은 이에 병사를 증가해 줄 것을 아뢰어 요청하니, 조서로 치주(淄州)·청주(靑州)·내주(萊州)·해주(海州)의 군사 7천 명을 징발하여 좌위위장군 손인사(孫仁師)를 보내, 무리를 통솔하여 바다를 건너 웅진에 가 인원의 무리를 도와주게 하였다.

 이 때 복신은 이미 병권을 완전히 장악하여 부여풍과 점점 서로 시기하고 두 마음을 가졌다. 복신이 병을 칭하여 굴로 만든 방에 누워 장차 부여풍이 병문안 오기를 기다려 그를 기습하여 죽이려고 하였다. 부여풍이 이를 알아 그 심복들을 이끌고 엄습하여 복신을 죽였고, 또한 사신을 보내 고구려와 왜국에 군사를 요청하여 관군을 막고자 하였다. 손인사가 중도에서 맞서 공격하여 그들을 깨뜨리고 드디어 인원의 무리와 서로 합류하여 군사의 사기를 매우 떨쳤다.

　이에 인사와 인원 및 신라왕 김법민이 육군을 통솔하여 진군하고 유인궤와 별수(別帥) 사상(社爽)·부여륭은 수군과 군량선을 거느리고 웅진강으로부터 백강으로 가 육군과 회동하여 함께 주류성으로 달려갔다. 인궤는 부여풍의 무리와 백강의 입구에서 만나 4번 싸워 모두 이기고 그 배 400척을 불사르니 적의 무리는 크게 무너지고 부여풍은 몸만 빠져 도망갔다. 자칭 왕자 부여충승(扶餘忠勝)과 충지(忠志) 등이 벼슬아치와 부녀자 및 왜의 무리를 이끌고 항복하니, 백제의 여러 성이 모두 다시 귀순하여 손인사와 유인원 등은 위세를 크게 떨치고 군대를 거두어 귀환하였다. 조서를 내려 유인궤에게 인원을 대신하여 군사를 거느리고 진주하여 지키게 하였다. 이에 부여륭에게 웅진도독을 제수하여 본국으로 돌려보내 신라와 함께 화친하게 하고, 그 남은 무리들을 불러 모으게 하였다.

　인덕(麟德) 2년(665) 8월 륭이 웅진성에 도달하여 신라왕 법민과 백마를 죽여 맹약하였다. 먼저 하늘과 땅 및 산천과 계곡의 신께 제사를 지낸 이후에 피를 나누어 마셨다. 그 맹서문은 다음과 같다. "옛날에 백제의 선왕(先王)이 순리를 거스른 것에 미혹되어 이웃나라와 우호를 돈독히 하지 않고 친·인척과 화목하지 않았다. 고구려와 결탁하고 왜국과 통교하며, 더불어 잔인하고 난폭해져 신라를 침략하여 읍과 성을 깨뜨리니 편안한 해가 없었다. 천자께서는 하나의 물건이라도 잃으면 불쌓히 여기시고, 백성이 죄 없이 (고통받는 것을) 가엾게 여기시어 자주 사신을 보내 우호와 화해를 하라고 하셨지만 (지형의) 험준함과 (거리가) 먼 것을 믿고 하늘의 도리를 무시하였다. 황제께서 이에 노하셔 삼가 정벌과 위문을 행하시니 (천자의) 깃발이 이르는 곳은 한 번의 싸움으로 크게 평정되었다. 진실로 궁궐에 물이 괴고 주택이 더러워진다면 후세의 경계로 삼아, 근원이 되는 것을 완전히 없애 후세 사람들에게 교훈으로 삼게 해야 할 것이다. 그러나 약한 자는 껴안고 배반한 자를 정벌하는 것은 전왕의 아름다운 법이고, 망한 자는 일으켜주며 끊긴 자를 이어주는 것은 과거 현인의 통상적인 규범이다. 일이란 반드시 옛 것을 스승으로 삼아야 한다는 것은 예전의 여러 책 속에 전해진다. 따라서 전(前) 백제태자 사가정경(司稼正卿) 부여륭을 웅진도독으로 삼아 그 제사를 잇게 하고, 고향을 보존하게 하였다. (이에) 신라에 의지하여 길이 그 나라와 동반자가 되어 각기 묵은 감정을 떨쳐버리고 우호를 맺어 화친하도록 하라. 삼가 조서의 명을 이어 영원토록 번이 되어 복종하라. 이에 사신으로 우위위장군 노성현공(魯城縣公) 유인원을 보내 친히 임하여 권장하고 깨우쳐 함께 나의 뜻을 펴도록 하니, 혼인으로서 약조하고 맹서로 다짐한다. 희생을 잡아 피를 나누어 마시어, 처음부터 끝까지 함께 돈독하고 형제와 같이 사랑하도록 하라. 삼가 황제의 말을 받들어 감히 실추하지 말 것이며, 맹서한 이후 더불어 어떠한 어려움 속에서도 지키도록 하라. 만약 믿음을 버리고 이 맹약에 다른 마음을 가지고 군사를 일으켜 대중을 동원하여 국경을 침범한다면, 천지신명이 이를 살피시어 여러 재앙을 내릴 것이니, 자손이 번성하지 않고 사직을 보존할 수 없어 제사가 끊기어 남은 사람이 없을 것이다. 이에 금서철계(金書鐵契; 철판에 금으로 새긴 문서)를 만들어 종묘에 보관하고 자손만대에 혹시라도 감히 어긋나지 않도록 하라. 신께서 이를 듣고 (제사 음식과 맹서를) 받으시며 복되게 하리라." (이것은) 유인궤의 글이다. 피를 나누어 마시는 것이 끝나자 폐백을 단 아래의 좋은 땅에 묻고 그 맹서문은 신라의 종묘에 보관하였다.

인원과 인궤 등이 돌아오자 륭은 신라가 두려워 조금 있다가 수도로

하남성 박물관에 전시되어 있는 부여륭 묘지석. 1920년 중국 하남성 낙양의 북망산에서 출토되었다. 묘지석은 가로·세로 모두 58cm인 정방형이다.

돌아왔다. 의봉(儀鳳) 2년(677) 광록대부 태상원외경(太常員外卿) 겸 웅진도독 대방군왕을 제수하여 본래의 번으로 돌아가 남은 무리들을 모아 편안하게 살게 하였다. 이 때 백제의 땅은 황폐해지고 훼손되어 점점 신라에게 점거되자, 륭은 끝내 감히 옛날의 나라에 돌아가지 못하고 죽었다. 그 손자인 경(敬)이 중국에서 대방군왕을 이어받았고, 위위경을 제수받았다. 이 땅은 이로부터 신라와 발해말갈에 분할되어 백제의 종족은 드디어 끊어지게 되었다.

13. 『신당서』 백제조

백제는 부여의 별종이다. 수도로부터 곧상 동쪽으로 6,000리 남짓한 바닷가 양지에 있고, 서쪽으로 월주와 경계이다. 남쪽으로 왜, 북쪽으로 고구려 모두 바다를 건너 이르며, 그 동쪽은 신라이다. 그 나라 왕은 동서 두 성에 거주한다.

벼슬아치로 내신좌평은 왕의 명령을 알리고 보고하며, 내두좌평은 재정에 관한 일을 주관하며, 내법좌평은 예법을 주관하며, 위사좌평은 위병을 전담하며, 조정좌평은 형벌과 감옥을 주관하며, 병관좌평은 대외 군사 업무를 맡는다.

6방이 있고, 방은 10군을 통솔한다. 대성(大姓)은 8개 있는데, 사씨·연씨·협씨(劦氏)·해씨·정씨·국씨·목씨·백씨이다. 그 법에 반역을 하는 자는 주살하고 집을 몰수한다. 남을 죽인 자는 노비 3명을 내어 속죄하게 한다. 벼슬아치로 재물을 받은 자와 훔친 자는 3배로 변상하고 종신토록 금고형에 처한다. 풍속은 고구려와 같다. 3개의 섬에서 황금색 옻칠이 나오는데, 6월에 나무를 뚫어 즙을 모으면 색이 금과 같다.

왕의 복장은 소매가 큰 자주색 도포에 청색 비단 바지를 입고, 흰색 가죽 띠에 검은 가죽신을 신는다. 검은 비단을 두른 관에 금빛 꽃무늬로 장식하며, 신하들은 진홍색의 옷을 입고 은빛 꽃으로 관을 장식한다. 백성들은 진홍색이나 자주색 옷을 입을 수 없다. 서적이 있고, 기(紀)·시(時)·월(月)은 중국 사람과 같다.

무덕 4년(621) 왕 부여장이 사신을 보내와 과하마를 바쳤고, 이로부터 자주 조공하니 고조가 대방군왕 백제왕으로 책봉하였다. 5년 후 명광개(明光鎧; 황금색 빛이 나는 갑옷)를 바치고 또한 고구려가 조공 길을 막는다고 호소하였다.

태종 정관(627~649) 초 사신에게 조서를 내려 그 원한을 없애도록 하였다. 또한 신라와는 대대로 원수가 되어 서로 자주 침략하니 황제가 옥새가 찍힌 문서를 주면서 "신라는 짐의 번신으로 왕의 이웃나라인데, 서로 자주 침략한다 하니 짐은 이미 고구려와 신라가 화해를 하도록 조서를 내렸소. 왕도 마땅히 지난 원한을 잊고 짐의 본 마음을 인지하도록 하시오"라고 하였다. 장은 표문을 올려 사죄하였으나 전쟁은 역시 그치지 않았다. 다시 사신을 보내 조공하면서 철제 갑옷과 글자를 새긴 도끼를 헌상하니 황제가 더욱 노고를 치하하고 비단 3,000단을 하사하였다.

 15년(641) 장이 죽자 사신이 소복을 입고 표문을 바치며 "임금의 외신 백제왕 부여장이 죽었다"고 말하였다. 황제는 현무문(玄武門)에서 애도식을 거행하며 광록대부를 추증하고 부의를 매우 두텁게 하사하였다. 사부랑중(祠部郞中) 정문표(鄭文表)에게 명하여 그 아들인 의자를 책봉하여 주국(柱國)으로 삼아 왕위를 잇게 하였다.

 의자는 부모를 섬김에 효행이 있다 소문이 났고 형제간에도 우애가 깊어 당시 해동의 증자라고 불렸다. 다음 해 고구려와 화친하고 신라를 정벌하여 40여 성을 빼앗아, 군사를 징발하여 이를 지켰다. 또한 당항성을 취하여 (신라가) 조공하는 길을 끊고자 도모하였다. 신라가 위급함을 알리자 황제가 사농승 상리현장에게 조서를 가지고 보내 깨우쳐 풀려고 하였다. (그러나 백제는) 황제가 새로 고구려를 토벌한다는 것을 듣고 그 사이에 신라의 7성을 취하였다. 오래지 않아 또한 10여 성을 탈취하여 이로 인하여 조공하지 않았다.

 고종이 황제가 되자 이에 사신을 보내 왔다. 황제는 의자에게 다음과 같이 조서를 내렸다. "해동 삼국이 나라를 만들어 기초를 다진지 오래나 땅이 본디 들쑥날쑥하였소. 근래 틈이 생겨 다투어 침략하여 편안한 날이 없었고, 신라의 높은 성과 중요한 요충지가 모두 왕에게 병합되어 짐에 귀의하기 어렵다 하며 왕에게 땅을 돌려줄 것을 간청하였소. 옛날 제나라의 환공은 일개 제후로 있으면서 오히려 망하는 나라를 존속시켰는데, 하물며 짐은 모든 나라의 임금으로 있으면서 위기에 처함을 가

없이 여기지 않을 수 있겠는가! 왕은 빼앗은 성을 마땅히 돌려주고, 신라도 사로잡은 포로를 왕에게 돌려주어야 할 것이오. 조서와 같이 아니하면 왕과 마음대로 싸우도록 할 것이고, 짐은 거란의 여러 나라를 동원하여 요하를 건너 깊이 들어갈 것이니 왕은 생각을 잘해 후회가 없도록 하시오."

영휘 6년(655) 신라가 백제와 고구려·말갈이 북쪽 경계 30성을 탈취했다고 호소하였다. 현경 5년(660) 이에 조서를 내려 좌위대장군 소정방을 신구도행군대총관(神丘道行軍大總管)으로 삼아 좌위장군 유백영

산동성에 위치한 성산두(成山頭) 전경. 이 지역은 황해횡단항로 개통으로 각광을 받아, 이후 중국과의 교역에 중요한 역할을 한 곳이다. 소정방이 백제를 공격하기 위해 출정한 곳으로도 유명하다.

백제 멸망의 한이 서려있는 조룡대. 소정방이 백마의 머리를 이용하여 용을 낚았다는 전설이 전해지며, 이 후 강의 이름이 백마강이 되었다고 한다.

(劉伯英)과 우무위장군 풍사귀(馮士貴), 좌효위장군(左驍衛將軍) 방효태(龐孝泰)를 거느리고 신라 군사를 징발하여 백제를 토벌하러 성산(城山)으로부터 바다를 건넜다. 백제는 웅진 입구를 지키고 정방은 군대를 풀어 공격하니 오랑캐가 크게 패하였다. 왕의 군대가 조류를 타고 배를 몰아 나가니 도성 30리 밖까지 질주하여 멈추었다. 오랑캐들의 많은 무리가 저항하니 다시 그들을 깨뜨리고 머리 만여 급을 베어 그 성을 빼앗았다.

의자는 태자 륭을 데리고 북쪽 변방으로 도주하니 정방이 포위하였다. 둘째 아들 태(泰)가 자립하여 왕이 되고, 무리를 거느려 굳게 지켰다. 의자의 손자 문사(文思)는 "왕과 태자가 건재하고 숙부는 스스로 왕이 되었는데, 만약 당의 군사가 (포위를) 풀고 간다면 우리 부자는 어찌해야 하는가"라고 말하며 측근과 함께 줄을 타고 (담을 내려와) 나오니 백성들이 모두 그를 뒤쫓아 태가 막지 못하였다.

정방은 군사에 명하여 성벽의 담을 뛰어 넘어 깃발을 세우니 태가 성문을 열어 항복하였다. 정방은 의자와 륭 및 소왕 효와 연, 추장 58명을 잡아 수도로 보내고, 그 나라 5부 37군 200성을 평정하였다. 호는 76만으로, 이를 나누어 웅진·마한·동명·금련(金漣)·덕안(德安)· 5도독부를 설치하고 추장과 거수를 발탁하여 통치하게 하였다. 낭장 유인원에 명하여 백제성을 지키고 좌위랑장 왕문도를 웅진도독으로 삼았다.

9월 정방이 포로를 이끌고 알현하니 조서를 내려 죽이지 말고 석방하라 하였다. 의자가 병들어 죽자 위위경을 추증하고 옛 신하들이 상가에 갈 수 있도록 허락하였다. 조서로 손호와 진숙보의 무덤 왼쪽에 장례를 치르도록 하고 륭에게 사가경을 제수하였다.

문도가 바다를 건너가서 죽자 유인궤로 대신하였다. 장의 조카 복신은 일찍이 군사를 거느렸는데, 승려 도침과 주류성에 웅거하여 반란을 일으켰다. 옛 왕자 부여풍을 왜에서 맞이하여 왕으로 옹립하니 서부가 모두 호응하여 군사를 이끌고 인원을 포위하였다.

용삭 원년(661) 인궤가 신라 군사를 징발하여 가서 구원하였다. 도침이 웅진강에 두 울타리를 세우자 인궤가 신라 군사와 더불어 협공하였고, (백제군이) 패주하여 성벽 안으로 들어가면서 자리를 다투다가 빠

백제 의자왕이 묻혀 있는 북망산 원경. 중국으로 끌려간 의자왕은 북망산에 묻힌 것으로 기록되었지만 현재 무덤의 정확한 위치는 찾을 수 없다.

지고 익사한 사람이 만 명이었으며, 신라 군사는 돌아갔다.

도침은 임존성을 지키면서 스스로 영군장군이라 칭하고, 복신도 스스로 상잠장군이라 칭하며 인궤에게 "듣자하니 당은 신라와 서약하여 백제를 깨뜨리고 노인과 어린애 할 것 없이 모두 죽이고 나라를 (신라에) 준다 하였소. 내가 (앉아서) 죽음을 당하기보다는 싸우는 것이 낫지 않겠는가"라고 고지하였다. 인궤가 사신을 보내 문서를 가지고 답장을 하니 도침은 매우 거만하게 앉아 사신을 관청 밖에 있게 하고 빈정거리는 말로 대답하여 "사신의 관직이 낮다. 나는 나라의 대장인데, 예의상 알현할 수 없구나"라며 맨손으로 보냈다. 인궤는 무리가 적어 병사를 쉬게 하고 힘을 기르면서 신라와 연합하여 도모할 것을 청하였다. 복신이 갑자기 도침을 죽이고 그 군사를 합병하니 풍은 제어하지 못하였다.

 2년(662) 7월 인원 등이 웅진에서 (백제군을) 격파하고 지라성을 빼앗아 밤에 진현에 접근하여 날이 밝아질 무렵 안으로 들어가 800급의 머리를 베어 신라의 보급로를 개통시켰다. 인원이 구원병을 요청하자 조서를 내려 우위위장군 손인사를 웅진도행군총관으로 삼아 제주(齊州)의 군사 7천을 징발하여 보냈다.

 복신이 나라를 장악하고 풍을 죽일 것을 모의하자, 풍은 심복들을 이끌고 복신을 베고 고구려 및 왜와 화친하였다. 인원은 이미 제주의 군사를 얻어 사기가 크게 진작된 터라 신라왕 김법민과 더불어 보병과 기병을 이끌고, 유인궤에게 수군을 이끌게 하여 웅진강으로부터 함께 진격하니 주류성에 밀물듯이 도달하였다. 풍의 무리가 백강의 입구에 주둔하였으나 4번 만나 모두 이기니 400척을 불살랐고, 풍은 도주하여 있는 곳을 알 수 없었다. 자칭 왕자 부여충승과 충지가 남은 무리와 왜인을 이끌고 살려줄 것을 요청하니 여러 성이 모두 항복하였다. 인원은 군대를 통솔하여 귀환하였고, 인궤는 머물러 대신 수비하였다. 황제는 부여륭을 웅진도독으로 삼아 그 나라로 돌아가 신라와 오랜 감정을 씻고 유민을 불러 모으게 하였다.

 인덕 2년(665) 신라왕과 웅진성에서 만나 백마를 잡아 맹약하였다. 인궤가 맹서의 말을 만들었는데 "옛날에 백제의 선왕이 이치를 따르는 것과 거슬리는 것을 돌아보지 않아 이웃나라와 (우호를) 돈독히 하지 않고 친척과 화목하지 않으며, 고구려·왜와 더불어 신라를 침략하여 읍과 성을 깨뜨렸다. 천자께서는 백성이 죄 없이 (고통 받는 것을) 가엾게 여기시어 사신에게 우호를 닦으라고 명하셨으나 선왕은 (지형의) 험준함과 (거리가) 먼 것만을 믿고 (조서를) 무시하고 삼가 받들지 아니하였다. 황제께서 이에 노하셔 정벌하여 평정하셨다. 다만 망한 자는 일으켜주고, 끊긴 자를 이어주는 것은 왕의 통상적인 제도이니 전 태자 륭을 세워 웅진도독으로 삼아 그 제사를 잇게 한다. 신라에 의지하여 길이 그 나라와 동반자가 되어 우호를 맺고 원한은 떨쳐버려 삼가 천자의 명을 받아 영원토록 번이 되어 복종하라. 우위위장군 노성현공 인원이 그 맹약에 친히 임하였으며, 이 맹약에 두 마음을 가져 군사를 일으키고 대중을 동원한다면 천지신명이 이를 살피시어 여러 재앙을 내려 자손이 번성하지 않고 사직을 보존할 수 없으니 대대로 감히 어기지 말라"고 하였다. 이에 (맹약문을 새긴) 금서철계를 만들어 신라의 종묘 안에 보관하였다.

 인원 등이 돌아오자 륭은 대중이 흩어짐을 두려워하여 역시 수도로 귀환하였다. 의봉(676~678) 연간 대방군왕으로 승진시켜 번으로 돌려보냈다. 이 때 신라가 강성하여 륭은 감히 옛 나라에 들어가지 못하고 고구려에 의탁하여 다스리다 죽었다. 측천무후가 또한 그 손자인 경에게 왕위를 잇게 하였으나 그 땅은 이미 신라와 발해말갈에 분할되어 백제는 드디어 멸망하였다.

참고문헌

坂本太郎・家永三郎・井上光貞・大野晋, 『日本書紀』上, 岩波書店, 1967.

坂本太郎・家永三郎・井上光貞・大野晋, 『日本書紀』下, 岩波書店, 1965.

國史編纂委員會, 『中國正史 朝鮮傳 譯註』一, 1987.

國史編纂委員會, 『中國正史 朝鮮傳 譯註』二, 1988.

山田英雄(이근우 옮김), 『日本書紀 入門』, 民族文化社, 1988.

田溶新 譯, 『完譯 日本書紀』, 一志社, 1989.

俞元載, 『中國正史 百濟傳 研究』, 學研文化社, 1993.

崔根泳 外, 『日本 六國史 韓國關係記事 譯註』, 駕洛國史蹟開發研究院, 1994.

李根雨, 『日本書紀에 引用된 百濟三書에 관한 研究』, 韓國精神文化研究院 博士學位論文, 1994.

연민수, 『고대한일관계사』, 혜안, 1998.

김현구・우재병・박현숙・이재석, 『일본서기 한국관계기사 연구』 (Ⅰ), 일지사, 2002.

김현구 · 우재병 · 박현숙 · 이재석, 『일본서기 한국관계기사 연구』 (Ⅱ), 일지사, 2003.

김현구 · 우재병 · 박현숙 · 이재석, 『일본서기 한국관계기사 연구』 (Ⅲ), 일지사, 2004.

金泰植 · 李益柱 · 全德在 · 姜鍾薰, 『譯註 加耶史史料集成』 1, 駕洛國史蹟開發研究院, 2004.

충청남도역사문화원, 『百濟史資料原文集』(Ⅱ)-中國篇-, 2005.

충청남도역사문화원, 『百濟史資料原文集』(Ⅲ)-日本篇-, 2005.

김수태 외, 『漢城百濟 史料 研究』, 경기도 · 경기문화재단 기전문화재연구원.